그래서
브랜딩이
필요합니다

그래서
브랜딩이
필요합니다

수많은 이름 중에
단 하나의 브랜드가
되기 위한 방법

전우성 지음

책읽는수요일
Books
on Wednesday

안녕하세요? 아마도 이 책을 펼쳐든 분들이라면 브랜딩이라는 단어에 조금이라도 관심이 있는 분들일 테지요. 우선 저와 같은 관심사를 가진 여러분들, 반갑습니다.

저는 2000년대 초반 브랜딩이란 단어를 처음 접했습니다. 대학원에서 마케팅 커뮤니케이션을 전공했지만 브랜딩은 제가 배우고 알았던 마케팅과는 달랐어요. 브랜딩은 단지 판매고를 높이기 위한 행위가 아닌, 우리는 누구이고 어떻게 사람들에게 보여야 하는지, 우리를 어떤 모습으로 그들에게 기억시킬 것이고, 또 어떤 방식으로 사람들이 우리를 좋아하게 할 것인지에 대한 무엇이었어요. 더 나아가 그들의 마음속에 무엇으로 러브마크를 찍을 것인지에 대한 부분이기도 했고요.

당시 브랜딩에 '브' 자도 잘 모르는 상태였는데, 서점에 몇 권 있지도 않은 관련 책들을 읽으면서 브랜딩에 대해 더 관심을 갖고 내가 몸담고 있는 브랜드에 대입해보았습니다. 그러다가 브랜딩을 제 일의 방향으로 선택하면서, 그때부터 저의 브랜딩에 대한 기나긴 여정이 시작되었습니다.

세상에 쉬운 일이 없듯이 브랜딩 역시 마찬가지입니다. 사람의 마음을 건드리는 작업이 쉬울 리가 없는 것이 당연하죠.

저 역시 쉽지 않았습니다. 한두 번 시도한다고 할 수 있는 일도 아니었고요. 하지만 그렇게 한걸음 한걸음 나름 오랜 기간 동안 몸소 브랜딩을 경험하면서, 브랜드와 브랜딩에 대한 저의 생각이 조금씩 방향을 잡았음을 실감했습니다. 그 과정에 이르기까지 수많은 질문과 고민, 그리고 크고 작은 소중한 경험들이 있었음은 물론이고요.

브랜딩이란 무엇일까? 그것은 왜 해야 하는 걸까? 어디서부터 시작하고 또 어떻게 진행해야 할까? 성공적인 브랜딩을 위해서는 어떤 것들이 필요할까? 어찌 보면 막연하지만 저 역시도 브랜딩을 업으로 해오면서 늘 고민하던 질문들입니다. 하지만 브랜드에 관심 많던 마케터로 커리어를 시작해 시간이 흘러 어느덧 브랜딩 디렉터란 직함을 달게 되었고, 그때부터 약 10년 동안 다양한 브랜드를 이끌고 여러 프로젝트들을 직접 기획하고 실행해오면서, 그리고 주변 일상에서 다양한 브랜드들을 접하고 경험해보면서, 질문들에 대한 저만의 답들을 조금씩 찾아가게 되었습니다. 그것을 글로 담아보았고요. 이것이 정답이라고 단정 지을 수는 없겠지만, 지금까지의 제 경험과 생각이 누군가에게는 반드시 필요하고 또 더 나아가 누군가에게 영감을 줄 수 있다면, 그것만으로도 저에겐 큰 의미가 있을 것 같습니다. 그것 역시도 브랜딩 디렉터로서의 저의 역할일지도 모르겠습니다.

이 책은 저의 브랜딩에 대한 경험과 생각의 정리집과도 같습니다. 지금껏 경험해보니 브랜딩은 이런 것 같다는 제 나름대로의 결론인 것이죠. 그래서 최대한 제가 직접 기획한 프로젝트들을 예시로 들고, 그 구체적인 과정들, 그리고 몸소 경험한 사례들로만 이 책을 구성했습니다. 이 책이 실제로 브랜딩을 고민하고 계신 모든 분들께 조금이나마 도움이 되면 좋겠습니다.

CONTENTS

브랜딩이
왜
필요하세요?

이직을 하는 사이 잠시간의 공백기가 있었다. 공식화된 휴식기여서 그런지 몰라도, 그동안 다양한 스타트업(이라는 표현보단 '대기업이 아닌 기업'들이란 표현이 더 맞을 것 같다.)의 대표님들과 만나 대화를 나누는 자리가 이전보다 빈번히 생기곤 했다. 나의 다음 행보를 위한 만남도 있었지만, 그보다는 그분들이 각 기업을 운영하며 겪는 이런저런 다양한 고민을 들어보는 자리였다. 그렇게 대화해보면 나 역시도 분명 얻게 되는 것들이 있을 거라고 생각했다. 그분들이 다양한 경로로 내게 먼저 연락을 주시고 만남을 청하는 이유는 한 가지다.

"우리 회사도 브랜딩이 필요합니다."

그럼 난 반드시 다시 물어본다.

"브랜딩이 왜 필요하세요?"

내가 이런 질문을 던지는 이유는 기업의 성장 단계에서 브랜딩에 집중해야 하는 단계가 있는가 하면, 그것보다 우선한 다른 여러 문제들을 해결하는 것이 먼저일 때도 있기 때문이다. 그렇지만 경험상 성장 중인 많은 기업들이 '브랜딩'이란 단어를 놓고 고민하는 시기는 반드시 오게 되어 있다. 브랜딩의 필요를 묻는 나의 질문에 기업 대표분들이 다양한 답을 주셨는데, 그 답변들에서 브랜딩이 기업마다 어떤 역할을 할 수 있는지, 그리고 브랜딩에 어떤 기대를 품고 있는지 자연스럽게 알 수 있었다.

제품으로만 기억되고 싶지 않아요

보통 제조업 중심의 기업에서 이런 고민이 많은 편이다. 열심히 마케팅(소셜미디어 채널 중심의 퍼포먼스 마케팅) 해서 제품도 팔리고 매출도 올랐는데, 사람들이 정작 기업의 이름은 모른 채 '○○ 제품'으로만 인지한다는 것. 예를 들면 마약 쿠션 등이 그러한데, 즉 고객에겐 제품에 대한 인지는 있어도 브랜드라는 인식이 없었던 것이다. 브랜딩을 통해 브랜드 자체가 알려져야 그 기업에서 만드는 다른 제품들도 자연스럽게 신뢰를 얻을 수 있다고 생각한다는 답변도 함께 들을 수 있었다. 브랜드 인지도를 높이면 새로운 제품을 사람들에게 인식시키기 위해 마케팅을 0에서부터 다시 시작하지 않아도 되기 때문에, 필요한 시간과 비용의 소비를 줄일 수 있다는 얘기다.

생산자로만 남고 싶지 않아요

이는 앞선 이야기와 비슷한 것 같지만 한편으론 조금 다르다. 지금껏 단기 마케팅 효율에만 집중하다 보니 기업의 이름(브랜드명)이 브랜드로 인지되기보단 그저 제조사명으로 인지되는 것 같아 고민이라는 것. 그래서 제조사를 넘어 기업이 가진 생각이나 철학을 알릴 수 있는 브랜딩이 필요하지만, 내부에서 그런 전략을 쉽게 짤 수가 없다는 것이다. 그 대표분이 얘기한 예시가 적절했다. "과장된 비유겠지만 우린 폭스콘이 아닌 애플로 기억되고 싶어요." 이는 사람들에게 단지 기업명이 아닌 브랜드명으로 인식되는 것이 중요한 이유다.

의사 결정의 기준이 없어요

"지금까지는 열심히 매출 올리는 일에만 집중했어요. 그러다 사업을 확장하면서 의사 결정을 해야 하는 것들이 많이 늘어났어요. 그런데 내부에 의사 결정의 기준이 없다 보니 일관된 결정을 하기가 힘들어요." 고객을 대상으로 하는 모든 의사 결정의 기준은 브랜딩에서 나오게 마련이다. 즉, 브랜드에 대한 정의, 브랜드가 추구하고자 하는 방향, 브랜드의 브랜드다운 모습에 대한 고민 등이 부재하다 보니, 크게는 비즈니스 방향부터 작게는 디자인과 홍보 카피에 대한 부분까지 모든 관련 의사 결정이 기준 없이 이루어지고 있어 고민이란 것이다. 이것은 브랜드만의 명확한 정체성과 사람들에게 전달해야 할 가치 정립, 그리고 브랜드만의 톤 앤 매너가 필요한 부분이다.

브랜드에 대한 가이드가 필요해요

흥미롭게도 이 답변은 프로덕트와 디자인을 총괄하는 분들로부터 공통적으로 들었다. 브랜드가 추구하고자 하는 방향에 따라서 서비스의 모습이나 디자인이 바뀔 수밖에 없는데, 이것을 내부에서 명확히 정하지 않은 상태에서 그저 외부에 맡기기에는 리스크가 크다는 것이다. 여기서 리스크는 비용적 리스크가 아닌, 일의 이해도와 책임감 그리고 지속성의 리스크를 의미한다.

요즘 세대들이 좋아하는 트렌디한 것을 하고 싶어요

이건 조금 다른 각도의 생각인데 소셜미디어 채널 운영 등 늘 하는 고정적인 마케팅 활동이 아닌, 젊은 세대의 눈에 띄는 신선한 마케팅 활동을 브랜딩이라고 생각하는 사례다. 내 생각에는 반은 맞고 반은 틀리다. 맞는 이유는 차별화된 크리에이티비티가 브랜드를 알리는 데 분명 도움이 되기 때문이다. 이는 내가 29CM 재직 당시 크게 신경 쓰고 집중했던 부분이기도 하다. 한편으로 틀린 이유는 이것은 브랜딩을 위한 하나의 방법이지 이것만으로 좋은 브랜드를 만들지는 못하기 때문이다. 또한 트렌디한(유행을 따라가는) 방식의 마케팅 활동은 브랜딩에 그다지 큰 도움이 되지 않는다. 트렌드라는 것은 늘 좋아야 하는 대상이다. 그래서 그것을 리드하기보다는 대부분 따라갈 수밖에 없다. 그보다는 오히려 그 브랜드만의 차별화된 마케팅 커뮤니케이션 '방식'을 찾아야 한다. 이 역시도 물론 브랜딩의 영역이다.

브랜드 가치를 올리고 싶어요

답변이 조금 광범위한 것 같아 그 이유를 여쭤봤더니, 결국 사람들이 좋아하는 브랜드가 되어 기업의 이미지가 높아지면, 자연스럽게 브랜드와 회사 가치도 높아지지 않겠냐는 답변이 돌아왔다. 흥미로운 지점은 내 질문에 대해 "더 많은 매출을 만들고 싶어서"라고 직접적으로 답한 분들은 없었다.

예전에 어느 칼럼에서 앞으로의 시대에는 장기적인 브랜딩보다는 단기 퍼포먼스 중심으로 기업 운영이 바뀔 것이라는 내용을 읽은 적이 있다. 어느 정도 이해는 갔다. 변화의 속도는 빨라지고 기업은 이에 맞춰 성장해야 하는데, 그러기 위해선 미래의 내 모습과 위치를 구상하기보다는 당장 내일의 수입이 더 중요하기 때문이다. 하지만 다양한 업종에서 기업을 이끌고 있는 리더분들을 만나 보니, 앞서 언급한 것처럼 기업의 성장 단계에서 어느 시점이 되면 브랜딩에 대해서 고민할 수밖에 없음을 다시금 확인할 수 있었다. 오히려 단기 실적에만 신경 쓰다 보니 브랜드의 이미지가 점점 엉망이 되고 있다고 말씀하시는 분도 있었다. 즉, 브랜딩이냐 퍼포먼스냐의 문제는 무엇이 맞고 틀리고의 문제가 아닌, 두 영역의 시너지와 밸런스의 문제라고 생각할 수 있다. 브랜드 인지도가 확보된 상태에서의 퍼포먼스 마케팅이 그 효과를 더욱 크게 발휘할 수 있고, 기업의 성장 단계에 따라 그것의 밸런스가 중요하단 얘기다. 물론 나는 모든 비즈니스는 브랜딩에서 출발해야 한다고, 브랜딩이 잘 되어 있다면 일반적인 방식의 마케팅은 필요하지 않다고 믿는 편이긴 하지만 말이다.

브랜드와
브랜딩

브랜드라는 단어는 자기 소유의 가축에 인두로 각인을 새기는 행위에서 그 어원이 비롯됐다는 말이 있다. 들판의 수많은 가축들 중 내 소유를 찾아야 하기도 하고, 남들에게도 이것은 내 소유임을 보여줘야 할 필요가 있기 때문에 자신만의 징표를 가축의 표피에 새겨 넣은 것이다. 그 밖에도 위스키 양조업자들이 오크통 속의 위스키가 자신의 것임을 표시하기 위해 오크통 표면에 자신만의 무언가를 새기는 행위에서 비롯된 단어라는 얘기도 있다. 이 어원대로 생각해본다면 브랜드라는 것은 자신을 대변하는 징표이자, 남들에게 자신의 존재를 알리고 남들과 자신을 구분 짓게 하는 이름표이자 상징과도 같다. 오늘날 모든 기업의 제품과 서비스에 자신만의 이름과 상징(심벌)이 있는 것은 곧 이것이 우리 소유의 브랜드라는 의미와 별반 다르지 않다.

그렇다면 브랜딩은 무엇일까. 브랜드와 달리 브랜딩은 브랜드에 'ing'가 붙은 진행형이다. 즉, 이름이자 심벌과도 같은 브랜드를 그 브랜드답게 만들어가는 모든 과정이다. 그 브랜드 자체의 이미지와 모습을 만들어가는 일이자, 그 브랜드를 접하는 사람들에게 그것이 상징하는 무언가를 전하는 행위이다. 이것은 지속적으로 이어가야 하는 일이기에 브랜딩에는 (브랜드가 세상에서 사라지지 않는 한) 완성이란 것이 있을 수 없다. 계속해서 남들과 다른 모습, 그리고 그것을 넘어 그 브랜드다운 모습을 사람들에게 보여줘야 하고, 다양한 방식으로 자신을 끊임없이 어필해야 한다. 이로써 사람들의 마음속에 남들과 구분되는 무엇으로 각인될 텐데, 그러기 위해선 그들의 마음속에 무엇을 남길 것인지, 그 브랜드다운 모습이 무엇인지를 먼저 고민해볼 필요가 있다.

사람에 대입해본다면 이해가 조금 쉬울지도 모르겠다. 브랜드는 나라는 존재를 대표하는 이름이자 (그 이름이 꼭 본명이 아니더라도) 나를 상징하는 심벌을 의미한다. 여기서 심벌은 얼굴일 수도 있고, 내 소속이나 직함같이 나를 대표하는 타이틀이 될 수도 있을 것이다. 그렇다면 브랜딩은 무엇일까? 나의 이름과 심벌을 사람들에게 알리기 위한 모든 과정이다. 그러기 위해선 우선 내가 누구인지, 나다운 모습은 무엇인지를 먼저 곰곰이 생각해봐야 하고, 그 과정에서 나만의 차별점을 정의할 수 있어야 한다.

나에게 이를 적용해보면, 나라는 존재는 '전우성'이라는 이름으로 불리운다. 그리고 내 이름에 '브랜딩 디렉터'라는 심벌을 붙여 외부에 나를 표현한다. 이렇게 브랜드는 일단 완성되었다. 사람들이 나를 불러줄 이름이 있고 사람들에게 나를 표현할 심벌이 있다. 즉, 나 스스로가 나를 이런 브랜드라고 정의한 것이다.

그렇다면 다음 단계는 무엇일까? 내 스스로 정의한 나의 모습 즉, 브랜딩 디렉터 전우성이라는 브랜드를 알리기 위해서 나는 무언가를 해야 한다. 무엇을 할 수 있을까? 내가 상징하고자 하는 것에 일치하는 행동을 하는 것이 가장 중요할 것이다. 그것으로 브랜딩 디렉터 전우성의 존재 이유를 알려야 한다. 즉, 브랜딩에 있어 성공적인 케이스들을 많이 만들어야 한다. 이것이 브랜딩 디렉터로서 나를 남들과 가장 차별화되게 만들어줄 테니까. 몇 개의 성공 전례만 가지고는 불가능하다. 꾸준히 남들과 차별화된 케이스를 만들어내야 한다. 그 과정에서 전우성이란 이름이 브랜딩 디렉터로서 사람들에게 알려지기 시작할 것이다.

꾸준히 성공 사례를 만들어가는 것에만 만족해서는 안 된다.

나의 일을 알리기 위해 강연에 나서기도 하고, 나의 일과 생각들을 글로도 전달해본다. 이렇게 브랜딩 디렉터 전우성이라는 브랜드는 그 이미지와 모습을 만들어간다. 그리고 이를 위한 모든 활동이 브랜딩이다.

앞서 이야기한 여러 대표님들과의 대화를 바탕으로 생각해본다면 브랜딩이란 제품이나 생산자로 남지 않기 위해서 브랜드를 정의하고, 자신만의 브랜드 이미지와 모습을 만들어 사람들에게 알리는 것이며, 그 과정에서 남들과 다른 방식의 커뮤니케이션을 구사하는 행위이다. 또한 자신의 브랜드다움을 명확히 정립함으로써 그에 따른 의사 결정 가이드를 만드는 행위이자, 결국 이 모든 활동을 통해 브랜드의 가치를 올리는 일이라고도 얘기할 수 있을 것이다.

얼추 아는
백 명보다는
열광하는
한 명

앞서 브랜딩의 다양한 역할과 목적에 관해 이야기해봤지만, 결국 브랜딩이 무엇을 만들어야 하고 어떤 목표를 지향해야 하는가에 있어 나의 생각은 명확하다. 얼추 아는 백 명을 만드는 것이 아닌 이 브랜드에 열광하는 팬 한 명을 만드는 것이다. 그래도 백 명이 아는 것이 더 낫지 않냐고? 그렇지 않다고 본다. 브랜드의 이름을 물어보았을 때 들어봤다고 하는 백 명보다는, 열성적으로 그 브랜드를 좋아하고 늘 그 브랜드 상품을 사용하며 남들에게 홍보하는 단 한 명의 영향력이 훨씬 강력하다.

'프라이탁'이라는 스위스 의류 브랜드가 있다. 유럽을 돌아다니는 트럭 덮개로 쓰이는 타폴린 천을 재생해 가방을 만든다. 덮개로 사용되었던 타폴린 천의 모양이 모두 다르기 때문에 프라이탁 제품은 같은 디자인인 경우가 없다. 가방끈은 자동차 안전벨트로 만든다. 업사이클링이란 개념을 독특한 디자인의 가방으로 보여주고 있는 브랜드인 셈이다.

나는 어떻게 이 브랜드의 팬이 되었을까? 우선 프라이탁의 브랜드 스토리를 듣고, 가방을 만드는 그들의 방식과 아이디어가 무척 멋지다는 생각이 들었다. 그래서 프라이탁이 국내에 정식으로 입점하기 전인 2009년, 베를린 여행 중에 일부러 매장을 방문하여 이 브랜드 상품을 처음 구입했다. 실제 사용해보니 제품 자체도 정말 튼튼하고, 이 브랜드가 추구하는 이미지까지도 내가 소유한 것만 같아 금세 팬이 돼버렸다. 그런 과정에서 나는 자연스레 이 브랜드에 관해 단지 알고만 있는 백 명 중 한 명이 아닌, 이 브랜드에 열광하는 단 한 명에 속하게 되었다. 지난 12년 동안 다섯 개의 가방과 두 개의 파우치, 그리고 기타 액세서리를 포함해서 프라이탁 브랜드 제품을 열 개 정도 구입했을 정도니까. (제품이 아닌 브랜드를 소유했다는 표현이 맞는 듯하다.) 물론 여전히 매일 프라이탁 가방을 메고 다닌다. 나를 통해 프라이탁 브랜드에 관해 처음 접하고 제품을 구매한 사람들도 꽤 있고, 그중에는 나처럼 제품 여러 개를 소유하게 된 사람들도 있다. 브랜드를 향한 나의 팬심이 나를 이 브랜드의 자발적인 전도사로 만들어버린 셈이다. (프라이탁 얘기가 나온 김에 자랑을 좀 더 하자면, 나는 프라이탁 창업자 중 한 분을 직접 만나 대화를 나눌 기회가 있었고, 그때 갖고 있던 프라이탁 가방에

친필 사인을 받기도 했다.) 흥미로운 지점은 나 역시도 프라이탁에 열광하던 한 사람을 통해 처음 이 브랜드에 관해 알게 되었다는 것이다.

브랜딩은 이렇게 얼추 아는 백 명보다는 열광하는 한 사람을 만드는 데 그 목적을 두어야 한다. 그런 팬들이 늘어날수록 브랜드는 대체 불가할 정도로 강력해지고, 자연스럽게 브랜드의 가치 또한 올라갈 것이다. 얼마 전 페이스북에서 인용된 칼럼 중 이런 문구를 보았다.

"안티 없는 스타 없다. 안티가 많아지는 게 싫어서 자기 스타일을 버리면 팬도 없어진다. 세상에서 제일 멍청한 전략이 모두를 만족시키려는 것이고 그다음으로 어리석은 게 안티 마음을 돌리려는 것이다."*

멋진 브랜드를 만들고 싶다면, 모두가 우리 브랜드를 알도록 하는 것에만 집중하지 말자. 우리에게 관심 없어 하는 사람들의 마음을 돌리는 데 많은 시간을 들이지 말자. 그보다는 우리만의 스타일을 명확히 하고 그것을 좋아해줄 수 있는 팬을 만드는 데 집중하자.

---

*출처: http://moneyman.kr/archives/9273

—

프라이탁의 창업자 중 한 명인
마르쿠스 프라이탁(Markus Freitag)과 함께.

—

프라이탁의 가방은 타폴린 천을 재생하여 사용하기 때문에
같은 디자인이 하나도 없다.
(이미지 출처: 프라이탁 홈페이지)

감동은 예상 못한 디테일에서 온다

사람들이 애플에 열광하는 이유에는 여러 가지가 있겠지만 그중 기술과 디자인이 큰 몫을 차지하고 있다고 생각한다. 나도 그 부분에 전적으로 동의하는 편인데, 다만 내가 애플이라는 브랜드에 정말 감동한 포인트는 의외로 다른 부분이었다. 새로운 아이맥(iMac)을 주문해 배송받았을 때였다. 포장 박스를 뜯으려고 습관적으로 칼부터 먼저 찾았다. 그런데 아이맥 포장 박스는 칼 없이도 맨손으로 쉽게 뜯을 수 있었다. 박스를 채 뜯기 전부터 "와!" 하고 감탄사가 튀어나왔다. 맥북과 아이패드를 구매했을 때에도 마찬가지였다. 이것이 왜 그렇게 감동적으로 다가왔을까? 나에게 포장을 뜯었을 때의 경험은 애플 제품의 미려한 디자인이나 기능만큼이나, 아니 그 이상으로 큰 인상을 남겼다. 애플 제품의 성능이나 디자인 측면의 부분은 익히 알고 있는 부분이었지만, 포장 박스는 전혀 예상치 못한 요소여서 그랬는지도 모르겠다. 그런 작은 디테일 하나에도 신경 쓰고 있다는 사실에 크게 놀랐다.

이와 같은 감정을 얼마 전 캠핑을 갔을 때도 경험했다. 동행한 친구가 고기를 굽기 위해 불을 피우다가 갑자기 "와!" 하고 소리쳤다. 보통 숯을 사면 박스나 비닐 같은 것에 담겨 있는데, 이번에 구입한 브랜드의 제품은 포장 비닐 백에 지퍼가 달려 있어, 사용하고 남은 숯은 다시 비닐 백에 담아 편하게 보관할 수 있다는 거다. 친구도 내가 애플 포장 박스를 개봉했을 때처럼 예상치 못한 상황에서 좋은 인상을 받았으니, 아마 당분간은 그 브랜드 제품만 사용하지 않을까?

흔히 감동은 크고 대단한 것에서 비롯된다고 생각하겠지만 반드시 그렇지만은 않다. 오히려 감동은 예상하지 못한 상황에서의 아주 사소한 한 가지에서도 충분히 생겨날 수 있다. 생일날 받는 선물보다 의외의 날과 장소, 그리고 상황(예상치 못한 'T.P.O' Time, Place, Occasion라고 할 수도 있겠다.)에서 갑자기 받는 선물이 더 감동적인 법이다. 그리고 그 선물이 무엇이고 얼마건 간에 나에 대한 배려나 관심이 담겨 있는 아이템이라면, 아니 짧은 메시지라도 함께 담겨 있다면, 그 디테일에서 느낄 수 있는 감동은 더욱 커지게 마련이다.

감동은 예상 못한 디테일에서 온다. 즉, 의외성과 섬세함이 감동을 만든다. 늘 중요하게 생각하고 있는 부분이라, 함께 일했던 마케터나 디자이너, 에디터 분들께도 자주 얘기하곤 했다. 이런 사소하지만 디테일한 감동의 포인트에서 브랜드의 팬이 자연스럽게 형성되는 법이다. 나와 내 친구가 그랬던 것처럼.

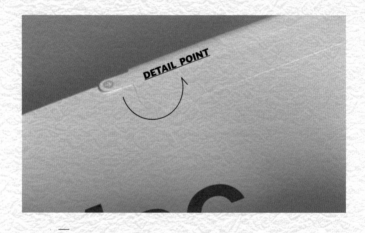

—
사소하지만 디테일한 포인트에서
브랜드의 팬이 자연스럽게 형성된다.

브랜딩은
마케팅의
일부가
아니다

프라이탁처럼 특정 브랜드에 푹 빠지거나 그것에 감동해본 경험이 드물지만 몇 차례 있었다. 그중 하나는 쿠팡맨(최근 쿠팡친구로 명칭을 변경했다.)이다. 쿠팡이 아니라 '쿠팡맨'이니 오해 없길 바란다. 지금은 흔한 일이 되었지만, 배송 전 몇 시에 방문할 예정이고 어디에 배송 상품을 놓기를 원하는지, 혹시 집에 아기가 있다면 벨을 누르지 않기를 원하는지 등의 세세한 부분까지 먼저 확인하는 경우는 당시 쿠팡맨이 유일무이했다. 그리고 배송 완료 후 그 사진을 찍어 보내주는 세심함은 나뿐만 아니라 많은 사람들에게 깊은 인상과 감동을 남겼던 것 같다.

그래서 비록 구매할 제품이 최저가가 아니더라도 나도 모르게 쿠팡맨의 친절함을 떠올리며 자연스럽게 쿠팡을 이용하기에 이르렀다. 즉, 커머스에서 가장 신경 쓰는 부분이게 마련인 가격 민감도마저 무너뜨린 것이다. 한번은 더운 여름날 쿠팡맨에게 조금이나마 도움이 되고 싶어, 배송을 마치고 돌아가는 그분께 달려가 차가운 탄산수를 한 병 건네드린 적도 있다. 배려심이라곤 별로 없는 나를 무엇이 이렇게 만들었을까. 참고로 포털 사이트 검색창에 "쿠팡맨 친절"을 키워드로 검색하면 고객들의 많은 경험담을 찾아볼 수 있다.

브랜딩은 그 브랜드의 팬을 만드는 '모든' 활동을 아우른다. 그런 의미에서 난 쿠팡이라는 브랜드에 완벽히 포섭당하고 말았다. 누가 시킨 것도 아닌데 자발적으로 바이럴을 유도했다. 흡사 브랜드 엠버서더 수준이었다. 프라이탁을 주변에 열심히 알렸던 것처럼 개인 소셜미디어 계정에 쿠팡맨에게 감동받은 경험을 몇 번이나 올렸다. 주변 사람들을 붙잡고 "쿠팡 써요? 쿠팡맨 알아요?"라며 무턱대고 화두를 던지고서는 내 경험을 조목조목 얘기하며 그들도 나처럼 감동을 체험해 보길 바랐다.

시장에서는 대부분 브랜딩을 마케팅의 일부라고 생각한다. 그래서 마케팅 조직 내부에 퍼포먼스 마케터, 콘텐츠 마케터, 브랜드 마케터 같은 식으로 분류하고 있는 게 보통이다. 그런데 정말 브랜딩이 그저 마케팅 용어 중 하나일까? 브랜딩을 과연 마케팅의 영역으로만 볼 수 있을까?

사람들로 하여금 제품을 구매하게끔 하는 모든 행위를 마케팅이라고 정의한다면 모르겠지만, 일반적으로 통용되는 마케팅의 의미나 그 역할로 보았을 때 내가 프라이탁이나 쿠팡맨에게서 받은 인상은 마케팅 영역 밖의 일이었다. 프라이탁의 경우에는 다른 브랜드에서 찾아볼 수 없었던 그들만의 창업 스토리이자 제품 철학에, 쿠팡맨의 경우 평소에 겪어보지 못했던 그들의 세심한 친절에 감동을 받았으니까.

결국 브랜딩은 마케팅의 영역을 넘어 소비자가 브랜드를 직·간접적으로 경험하는 다양한 접점에서 이뤄진다고 할 수 있다. 예컨대, 미국의 온라인 신발 유통회사 자포스는 차별화된 그들만의 고객 응대로 한때 굉장한 유명세를 탔다. 고객 전화 응대를 하는 콜센터를 '콘택트센터'(Contact Center)란 이름으로 운영하며 고객과 유대감을 맺는 것을 중시했고 이후 많은 충성 고객이 생겨났다. 이 같은 브랜딩과 관련된 활동들을 단순히 마케팅의 영역으로만 여기기는 어렵다.

기업에서 브랜딩을 담당하고 있는 사람이라면 브랜딩을 단지 매출을 올리기 위한 마케팅 수단으로써 접근하기보다는, 고객이 브랜드와 만나는 접점들을 돌아본 뒤 그중 가장 차별화된 인상을 심어줄 수 있는 것이 무엇인지 찾아내고, 없다면 그것을 새롭게 설계해서 어떻게 보여주고 또 알릴 수 있을지를 고민해봐야 한다. 브랜드 소셜미디어 계정을 운영하고 리브랜딩이란 명목으로 로고를 새롭게 교체하는 것보다 이런 고민을 하고 답을 찾는 것이 훨씬 더 중요한 일일 수도 있다. 그 해답이 기술의 영역이든, UX의 영역이든, CS 혹은 창업 스토리나 철학에 있든 간에 말이다.

모두가 하고 싶지만 아무나 할 수 없는

누구나 자신이 속한 브랜드를 멋진 브랜드로, 많은 팬들의 지지를 받는 브랜드로 키우고 싶어 한다. 그렇지만 그것은 쉽게 가질 수도 없고, 아무나 가질 수도 없는 영역이다. 엄청난 돈을 들여서 TV 광고를 제작하거나 바이럴 마케팅으로 화제를 일으켜 쉽게 얻을 수 있다고 생각하면 오산이다. 그런 경우 대부분 고객의 마음속에 금방 들어온 만큼 금방 나가버린다. 브랜드가 마음속에 오래 머물러 있어야 진짜 팬으로 만들 수 있다.

브랜딩이 쉽지 않은 이유는 단지 6개월, 1년 한다고 완성되는 것이 아니기 때문이다. 이를 위해서는 엄청난 노력과 수고가 필요하고, 당연히 그 과정에서 여러 가지 시행착오와 실패를 겪을 수밖에 없다. 결과를 기다리는 인내심 또한 필요하다. 사실 연애를 할 때나 사람을 사귈 때를 생각해보면 쉽게 수긍할 수 있을 것이다. 사람의 마음속에 들어가 나를 좋아하게 만드는 것이 그리 쉬운 일은 아니지 않은가?

또 브랜딩을 아무나 할 수 없는 이유는 브랜딩에서 무엇보다 중요한 것은 그것을 해내고자 하는 강한 의지이기 때문이다. 기업에서 브랜딩을 담당하는 사람이라면 담당자의 의지만큼 대표의 의지 또한 강해야 한다. 대표 혹은 최종 의사 결정권자가 브랜딩의 효과와 힘을 인식하고, 이를 꾸준히 해나가기 위한 의지를 지니고 있지 않다면, 매력적인 브랜드가 만들어지기란 쉽지 않다.

내가 과거 몸담았던 29CM를 예로 생각해보면, 29CM는 출범 이후 지금까지 많은 팬층을 확보하고 있고 성공적인 브랜딩 사례로 여전히 자주 언급되고 있다. 지금의 모습이 가능했던 이유는 앞서 언급한 대로, 당장 눈에 보이는 큰 효과는 없더라도 오랜 기간 일관된 메시지와 차별화된 모습을 통해 다양한 브랜딩 활동을 꾸준히 해왔기 때문이다. 그리고 그것에는 브랜딩의 힘을 믿고 이런 활동을 마음과 예산으로 지지했던 당시 대표님의 역할이 컸다. 그 덕분에 29CM는 다른 경쟁사들과는 확실히 다른 모습을 만들어갈 수 있었다.

브랜딩을 위한
질문들

브랜딩을 시작하기 위해서는 무엇보다 가장 먼저 내가 누구인지를 고민해봐야 한다. 나는 누구고, 무엇으로 불리기를 원하며, 과연 나다운 것은 무엇인지 말이다. 먼저 스스로를 제대로 알아야 남들에게 나에 대해 어떻게 커뮤니케이션 할지, 나다운 모습을 어떤 식으로 보여줄지 여러 가지 계획을 세워 나갈 수 있다.

오히려 남을 평가하는 것보다 나 자신을 파악하는 일이 더 어려운 법이라, 누구나 처음에는 막막함이 앞서겠지만 (나도 여전히 그렇다.) 고민에 고민을 거듭하며 되도록이면 나에 대한 생각을 뾰족하게 다듬는 것이 중요하다. 모든 사람이 태어난 배경과 자라온 환경이 다르듯 브랜드 역시 그렇다. 브랜드의 모습과 특징, 제공하는 서비스의 종류 등 각기 성격이 다르기에, 하나의 정답이 있을 수는 없다. 다만 나는 브랜드의 정체성을 고민할 때 다음과 같은 질문들을 먼저 던져보곤 한다.

이 브랜드는 어떤 탄생의 과정을 거쳤는가?
사람들이 이 브랜드를 사용하는 이유는 무엇인가?
이 브랜드는 현재 어떤 문제점에 봉착했는가?
이 브랜드가 세상에 없다면 사람들이 가장 불편해 할 부분은
무엇일까?

이런 질문들을 중심으로 단계적으로 고민해나가다 보면 해당
브랜드의 과거부터 현재, 미래의 모습까지 구석구석을 살피
게 되고, 그로부터 그 브랜드만의 고유한 키워드와 특징을 뽑
아낼 수 있다. 브랜딩 디렉터로서 브랜딩을 담당했던 '스타일
쉐어'를 사례로 좀 더 자세히 살펴보자.

첫 번째 질문 - 이 브랜드는 어떤 탄생의 과정을 거쳤는가?

브랜드의 정체성을 정의할 때, 브랜드의 탄생 과정을 파악하
는 것이 무엇보다 중요하다. 그 브랜드가 어떤 과정에서 시작
되었고 그 출발점이 어땠는지 살펴보면, 브랜드 초기의 모습
과 마음가짐까지 알 수 있게 된다. 즉, 탄생의 비밀을 알게 되
는 것이다. 스타일쉐어의 초창기는 지금의 모습과 많이 달랐

다. 초기에는 회원들이 자신의 스타일을 공유하며 다른 회원들과 해당 정보를 나누고 친목도 쌓는 스타일 공유 커뮤니티였다. 이렇게 몇 년을 유지하며 유저와 트래픽 수를 늘려갔고, 이를 계기로 몇 년 전부터는 커머스 모델을 도입해 본격적으로 수익을 내기 시작하며 큰 규모의 커머스 기업으로 성장했다.

두 번째 질문 – 사람들이 이 브랜드를 사용하는 이유는 무엇인가?
이 질문에 대한 답은 스타일쉐어의 초창기와 현재를 나누어 생각해봐야 한다. '스타일 정보 공유 커뮤니티' 성격이 강했던 초창기의 스타일쉐어는 지금보다는 유저 수가 훨씬 적었지만, 그들의 사이트 재방문 횟수와 활동량은 매우 높았다. 그 당시에는 스타일쉐어처럼 앱 서비스 기반의 스타일 커뮤니티가 없었기 때문이다. 회원들끼리 서로 정보를 공유하고 대화를 나누면서 "ㅈㅂㅈㅇ"(정보좀요)라는 신조어가 탄생하기도 했고, 스타일쉐어 유저들이 서로를 "스쉐러"라고 부르는 문화도 이때 만들어졌다.

커머스 서비스 중심인 현재의 스타일쉐어는 제품을 구매하기 위해 사이트를 방문하는 유저들이 주를 이루고 있다. 물론 기존에 가입한 유저들은 여전히 자기 스타일을 공유하곤 하지만, 그 수가 이전에 비해 점점 줄어들고 있고 그들의 활동량 역시 예전만 못하다. 하지만 커머스 서비스는 수많은 새로운 유저들을 불러 모았다. 스타일쉐어 신규 유저들 중 대부분은 제품을 사기 위해 방문하는 구매 의향이 높은 유저들이다. 커뮤니티의 특성은 약화되었지만 쇼핑을 위해 사이트를 방문하는 신규 유저들 덕분에 스타일쉐어는 지금의 규모로 성장할 수 있었다. 어찌 보면 이는 회사가 성장하기 위한 당연한 수순일 것이다. 그리고 스타일쉐어는 다행히도 그것을 성공적으로 안착시켰다.

세 번째 질문 - 이 브랜드는 현재 어떤 문제점에 봉착했는가?

우선 오해의 소지를 없애기 위해 짚고 가자면, 소위 문제점이 없는 브랜드는 지구상에 존재하지 않는다. 기업들 모두 각자의 고민을 안고 그것을 해결하기 위해 매번 애쓰는 중일 거다. 스타일쉐어가 맞닥뜨린 문제는 커머스 시장으로 유입되면서 수많은 경쟁자들이 생겼다는 것이다. 하나의 패션 브랜드가 여러 쇼핑몰에 입점하는 상황에서, 구매층이 비슷한 브랜드를 다른 커머스 기업이 아닌 스타일쉐어에서 구매하도록 하려면 어떻게 해야 할까? 경쟁에서 살아남기 위해 스타일쉐어는 남들과 다른 특별함과 차별점을 찾아야만 했다. (이것을 정의하고, 만들고, 쌓아가는 모든 과정들을 앞서 말한 대로 브랜딩이라 부를 수 있을 것이다.)

네 번째 질문 – 이 브랜드가 세상에 없다면 사람들이 가장 불편해 할 부분은 무엇일까?

여기서 '사람들'이란 과거부터 지금까지 스타일쉐어의 주 고객층을 의미한다. 우선 커머스 서비스는 아닐 것이다. 요즘 핫한 브랜드 제품들을 스타일쉐어에서만 살 수 있는 것은 아니니까. 그럼 무엇일까. 내 또래가 올리는 다양한 스타일들을 한번에 볼 수 있다는 것은 어떨까. 누군가는 인스타그램이면 충분하다고 얘기할 수도 있다. 인스타그램에서 #ootd를 검색하면 수많은 국내외 사용자들의 스타일을 볼 수 있으니 말이다. 하지만 스타일쉐어의 주 고객층인 10대에서 20대 초반이 자기 또래의 최신 스타일을 바로바로 직관적으로 확인할 수 있는 곳, 그리고 또 그 옷을 바로 구매할 수 있는 곳으로는 스타일쉐어만 한 곳이 없다. 즉, 이 브랜드가 세상에 없다면 이곳을 애용하는 사용자들에게는 자신과 비슷한 연령대의 다양한 스타일을 살펴볼 수 있는 공간이 사라져버리는 것이다.

이렇게 브랜딩을 위한 기본 질문들의 답변을 찾아가는 과정에서 이 브랜드가 과거 어떤 모습이었고, 현재는 어떤 모습이며, 앞으로는 어떤 모습이어야 할지, 또 변한 건 무엇이며 절대 변하지 말아야 할 것은 무엇인지 등을 다각도로 생각해볼

039

수 있다. 그리고 이것을 토대로 이 브랜드만의 정체성과 경쟁
사들과의 차별화 요소는 무엇일지 찾을 수 있다.

브랜드
아이덴티티의
정립

브랜딩에 관심 있는 사람들이라면 '브랜드 아이덴티티'(Brand Identity, 줄여서 BI)라는 용어가 익숙할 것이다. 브랜드 아이덴티티란 해당 브랜드만의 정체성이자 남들과 다른 고유의 가치를 말한다. 흔히 브랜드 아이덴티티라고 하면 브랜드의 로고나 심벌, 컬러 등을 떠올리게 되는데 사실 그것이 다가 아니다. 로고나 컬러는 브랜드의 정체성을 비주얼적으로 표현하는 방식, 즉 그 브랜드의 디자인 아이덴티티 혹은 비주얼 아이덴티티라고 표현하는 편이 더 정확하다.

사람들이 또 하나 쉽게 오해하는 부분이 있는데, 브랜드 아이덴티티를 정립하는 일이 완전히 새로운 것을 창조하는 것이라는 생각이다. 브랜드 아이덴티티는 기존의 것을 모두 무시하고 새로운 것을 만드는 과정이 아니다. 오히려 반대일 수 있다. 해당 브랜드가 지금까지 쌓아온 것들을 바탕으로 그 브랜드만이 지닌 가치를 찾아, 그것을 사용자에게 어떤 방식이나 경험으로 전달할 것인지를 정립하는 일이다. 결국 브랜드 '다운' 모습에 대한 정의라고 할 수 있다. 그리고 그것은 앞 장에서 던진 질문들을 바탕으로 차근차근 풀어나갈 수 있다. 이해를 돕기 위해 다시 스타일쉐어를 예로 들어 살펴보자.

BI를 정립할 당시의 상황

스타일쉐어는 10대에서 20대 초반 여성 고객 중심으로 성장한 브랜드다. 그래서 그들 사이에서는 브랜드 인지도가 매우 높은 편이었다. 그들에게 스타일쉐어는 아주 매력적이진 않아도 자신의 성장기를 함께 보낸 친근한 브랜드였다. 하지만 지금은 상황이 조금 달라졌다. 커머스 서비스가 도입된 이후 자의 반 타의 반으로 많은 경쟁자들이 생겨났고 소비자의 선택권도 넓어졌다. 그러다 보니 고객층을 기존 10대 중심에서 20대로 넓힐 필요가 있었다. 그렇다면 20대들 사이에서도 스타일쉐어가 매력적인 브랜드일까? 아마도 그렇지 않을 것이다. 시장에서의 톱 플레이어들은 각자의 매력으로 굳건히 자리하고 있고, 스타일쉐어는 그 시장에 새로운 팔로워로 진입했을 뿐이다. 20대들에게 스타일쉐어는 내가 학창 시절 쓰던, 그 당시 취향에 맞았을 뿐인 브랜드였다. 그렇다면 스타일쉐어만의 차별점으로 무엇을 내세워야 할까? 다른 커머스 기업과는 달리 스타일쉐어만이 줄 수 있는 가치는 무엇일까? 고객은 그를 통해 무엇을 경험할 수 있을까?

스타일쉐어만의 차별점

이 브랜드만의 차별점은 오히려 스타일쉐어가 어떤 서비스로부터 시작했는가라는 질문에서 찾을 수 있었다. 스타일쉐어는 스타일 '커뮤니티'로 시작한 서비스다. 다른 커머스 기업 대부분 온라인 상품 판매라는 본질을 토대로 사업을 시작했다면, 스타일쉐어는 회원들이 자신의 스타일을 자유롭게 공유하는 커뮤니티 서비스가 그 근간을 이루고 있었다. 나는 커뮤니티라는 이 태생적 특성이 다른 커머스가 가지지 못한 스타일쉐어만의 차별성이라고 판단했다. 그래서 커뮤니티의 특징들을 외적 특징과 내적 특징을 기준으로 나누어 고민해 보았다.

우선 커뮤니티의 외적 특징으로 다음 두 가지를 정리할 수 있었다.

· 공통의 명확한 관심사
· 공유를 기반으로 한 소통 방식

이 두 가지 특징은 결국 '스타일쉐어'라는 브랜드 이름과 명확히 일치한다. 스타일쉐어는 10대와 20대 초반을 중심으로 '스타일(Style)'이라는 공통의 관심사를 가진 사람들이 모인 곳이고, 자신의 스타일을 '공유(Share)'하면서 다른 유저들과 소통하는 방식을 지금까지 유지해오고 있다. 어찌 보면 브랜드명에서 서비스의 외적 정체성이 또렷이 드러나는 셈이다.

그다음 커뮤니티의 내적 특징으로, 관심사를 중심으로 모이고 소통하는 유저들 간에 발생하는 현상을 아래 세 가지로 정리해보았다.

- 실리적 목적
- 감정적 경험
- 사회적 영향

'실리적 목적'은 서비스를 통해서 내게 부족했던, 혹은 몰랐던 정보를 획득하는 것이라고 말할 수 있다. 우리가 커뮤니티에 가입하고 활동하는 주목적이 바로 이것으로, 스타일쉐어 회원들의 경우에는 스타일에 대한 정보를 얻고 공유하기 위함일 것이다. '감정적 경험'은 커뮤니티 회원들이 서로 소통하는 과정에서 유대감과 소속감을 경험하는 것을 말한다. 온라인 커뮤니티에서 출발한 동호회들이 오프라인으로 직접 만나 활동하게 되는 것은 이런 감정의 경험에 기반한다. '사회적 영향'이란 보통 커뮤니티의 규모가 커졌을 때 발생하는 특징이다. 규모가 커짐에 따라 그 안에서 그들만의 이념 혹은 문화가 만들어지고, 이것이 커뮤니티를 벗어나 외부 사회로 확산되면서 커뮤니티에 소속되지 않은 다른 이들에게도 직·간접적으로 영향을 줄 수 있다.

이러한 기준을 중심으로 경쟁사들과 차별화된, 우리 브랜드만이 줄 수 있는 가치들과 그를 통해 사람들이 느꼈으면 하는 경험들을 생각해볼 수 있을 것이다. 그 가치를 '브랜드 미션', 그리고 그것을 통해 고객에게 제공해야 하는 경험을 '핵심 경험'이라고 부른다.

브랜드 미션과
핵심 경험
도출하기

'브랜드 미션'이란 브랜드가 고객에게 줄 수 있는 가치, 즉 업의 본질과도 같다. 그리고 업의 본질이란 결국, 우리가 왜 이일을 하는지에 대한 답변이다. (이익 창출이라고 생각할 수도 있을 테지만, 그것은 업의 결과이지 업의 본질은 아닐 것이다.) 이는 결국 브랜드의 존재 이유로 바꿔 말할 수 있을 것이고, 그것을 알아야 담당하는 브랜드가 정확히 고객에게 어떤 경험을 제공할 수 있을지, 아니 어떤 경험을 제공해야만 하는지를 이끌어낼 수 있다.

다시 스타일쉐어의 예로 돌아가보자. 나는 스타일쉐어의 브랜드 미션을 앞서 살펴본 커뮤니티의 내적 특징 세 가지로부터 뽑아내보았다.

첫째, 누구나 자신만의 스타일을 발견하고 완성할 수 있도록 돕는다

커뮤니티의 실리적 목적으로 따져보았을 때, 유저들은 스타일쉐어를 통해 자신에게 필요한 정보를 쉽게 얻을 수 있다. 물론 여기서 정보란 커뮤니티 공통의 관심사인 '스타일'과 관련된 정보를 말한다. 그리고 커머스 서비스가 도입된 후에는 그 제품을 바로 구매할 수도 있게 되었다. 즉, 스타일쉐어만이 줄 수 있는 첫 번째 가치는 누구나 이곳에서 자신만의 스타일을 발견할 수 있고, 그것을 구매함으로써 나의 스타일을 완성할 수 있다는 것이다.

둘째, 스타일을 중심으로 사람과 사람을 연결한다

커뮤니티만의 특징인 유대감과 소속감 같은 감정적 경험 또한 다른 커머스 기업은 줄 수 없는 스타일쉐어만의 또 다른 가치이다. 스타일쉐어 안에서 사람들은 '스타일'이라는 관심사를 중심으로 서로 소통하며 유대감을 경험하고 있다. 서로를 '스쉐러'라는 애칭으로 부르면서 말이다.

셋째, 멋진 스타일에 대한 기존의 인식을 확장한다

오랜 기간 스타일쉐어 회원들이 쌓아온 문화로부터 '사회적 영향'으로서의 가치를 찾아보았다. 스쉐러들이 자유롭게 다양한 스타일을 공유하는 과정에서, 이곳에서는 다른 커머스 사이트에서 보기 힘든 문화가 형성되어왔음을 발견했다. 서로의 스타일을 인정하고 칭찬하는 문화가 그것이다. 이는 자연스럽게 멋진 스타일에 대한 인식의 확장으로 이어진다. 일반적으로 얘기하는 멋진 스타일이란 예쁘고 잘생기고 키 크고 마른 사람들의 전유물 같은 것이었지만, 스타일쉐어에서 인정받는 멋진 스타일이란 외모나 체형에 관계없이 자신만의 스타일을 당당히 드러내는 것이다. 이런 내부의 문화는 외부로까지 분명 영향을 미칠 수 있는 부분이라고 생각했다. 특히 다양성(diversity)이 화두가 되는 요즘 같은 때라면 더더욱.

고객에게 전달해야 하는 '핵심 경험'은 결국 브랜드 미션과 자연스럽게 연결되어 있다. 그렇다면 스타일쉐어가 고객들에게 줄 수 있는 핵심 경험에는 어떤 것이 있을까.

첫째, '나'만의 스타일에 영감을 준다

유저로 하여금 스타일쉐어에서 다양한 스타일을 발견하게 하고 자신도 멋진 스타일로 꾸미고 싶다는 동기를 갖게 해야 한다. 또한 스타일을 가꾸는 데 참고할 만한 여러 가지 콘텐츠가 스타일쉐어에 풍부함을 경험하게 해야 한다. 그로 인해 스타일에 관한 내 안목이 발전하고 있다고 느낄 수 있도록 말이다. 이러한 경험은 자연스럽게 사이트 체류 시간과 재방문율을 늘린다.

둘째, '우리'만의 유대감과 소속감을 느끼도록 한다

같은 스타일에 관심을 가진 스쉐러들, 그리고 자기 스타일을 꾸준히 공유하는 스쉐러들과의 끈끈한 유대감과 소속감을 경험하게 해야 한다. 이런 브랜드 유저들 간의 감정적 연결은 그들로 하여금 더욱 적극적으로 활동하도록 이끌고, 회원들의 서비스 이탈률 또한 낮출 수 있다.

셋째, '모두'의 개성과 다양성이 존중받도록 한다

유저들로 하여금 스타일쉐어에서 나이, 외모, 체형과 관계없이 모두 개성과 다양성을 존중받고 있다는 감정을 느낄 수 있도록 해야 한다. 이를 통해 더욱 적극적으로 자신의 스타일을 공유할 수 있는 환경을 만들 수 있고, 브랜드에 관한 기존의 인식(10대들의 패션 놀이터)을 변화시켜 스타일쉐어를 떠난 20대들에게도 다시 브랜드의 호감도를 높일 수 있다. 또한 이것을 이 브랜드만의 하나의 문화이자 개성으로 발전시킬 수 있다.

이렇게 다양한 질문들을 통해 브랜드의 상황을 살펴보고, 그로부터 브랜드의 정체성을 파악한 다음 결국 브랜드 미션과 고객에게 전달해야 할 핵심 경험까지 도출해내면, 명확한 브랜드 아이덴티티를 완성할 수 있다. 결국 내가 누구인지를 먼저 정의하는 것에서부터 브랜딩이 시작된다.

브랜드 정체성 테이블

브랜드 미션을 정의하고 그것을 바탕으로 고객에게 전달해야
할 핵심 가치들까지 뽑고 나면, 나는 이것을 '브랜드 정체성
테이블'에 정리해보곤 한다. 물론 브랜드 미션을 확실하게 정
의 내리지 못한 상태에서 써보는 것도 괜찮다. 테이블을 하나
하나 채우다 보면 막연했던 생각들이 오히려 뚜렷해질 수도
있다.

브랜드의 미션을 전달해야 할 대상, 즉 핵심 가치를 전달해야
할 고객들(여기서 고객이란, 외부 고객일 수도 있지만 내부 고객, 즉 직원
들이 될 수도 있으며, 몸담고 있는 곳이 커머스 기업이라면 입점 브랜드, 즉
파트너사가 될 수도 있다.)이 누구일지를 가늠해볼 수 있고, 그들
에게 우선적으로 어떤 모습을 보여줘야 하고 어떤 인상을 남
기면 좋을지, 그리고 우리 브랜드가 반드시 시장에서 점유해
야 할 키워드는 무엇인지도 정리해볼 수 있다.

브랜드 정체성 테이블

점유해야 할 키워드

사람들의 기억 속
우리는

그것을 위해
우리는

브랜드 핵심 가치

가치 전달 대상

브랜드 가치의 지향점
브랜드 미션

디퍼런트

브랜드 정체성 테이블을 완성시키며 브랜드의 미션과 핵심 가치 등을 정리해보았다면, 자연스럽게 우리 브랜드만의 강점이자 남들과의 차별점을 파악할 수 있게 된다. 그런데 강점이 있다면 반대로 다양한 약점들도 존재하게 마련이다. 그렇다면 브랜드의 약점들은 어떻게 해야 할까?

내가 애장하며 자주 들춰보는 책 중에 『디퍼런트』(문영미 지음. 박세연 옮김, 살림Biz, 2011)라는 책이 있다. 시장을 주도하는 혁신적인 기업으로 살아남으려면 남들과 어떻게 달라져야 하는가를 얘기하는 책인데, 나는 특히 저자가 바라보는 강점과 약점에 관한 관점에 크게 공감했다. 사람이든 기업이든 대부분 약점을 보완하기 위해 많은 노력을 기울이는데, 각자 서로 다른 약점들을 보완하고 나면 결국 모두 비슷해지고 만다. 그렇기에 약점을 보완하는 데 힘을 쏟기보다는 자신의 강점을 극

대화시키는 데 집중한다면 남들과는 더욱 차별화된 모습을 갖출 수 있다는 것이다.

브랜딩 또한 이와 마찬가지다. 자신만의 강점을 극대화하여 차별화된 모습을 만드는 것, 바로 그게 브랜딩의 과정이다. 그렇기 때문에 브랜드 미션을 토대로 자신의 브랜드가 가진 강점과 그것을 가장 잘 보여줄 수 있는 방법을 찾아, 고객에게 어떤 식으로든 전달해 고객이 그것을 어떤 접점에서든 느낄 수 있도록 해야 한다. 그렇기에 자기 브랜드의 부족한 부분을 열심히 보완할 시간에 자신의 강점과 차별점을 찾아, 그것을 키워내는 편이 훨씬 낫다. 그 강점을 통해 사람들에게 브랜드를 인식시키는 쪽이 더욱 효과적이기 때문이다. 구글 (Google) 하면 '검색'이 떠오르고, 볼보(Volvo) 하면 '안전'이 떠오르는 것처럼 말이다. 이에 비해 야후(Yahoo)나 포드(Ford)는 어느 나라 브랜드인지 말고는 딱히 떠오르는 이미지가 없지 않은가.

내가 속한 브랜드의 강점을 생각해보고 그것을 어떻게 더 뾰족하게 만들 것인지를 고민하는 일, 그것이 바로 브랜딩에 필요한 부분이다. 강점이 바로 떠오르지 않아도 괜찮다. 찾아보면 분명 남들보다 조금이라도 나은 점이 있을 것이다. 그것을 어떻게 강화할지 생각해보자. 혹시 명확한 강점을 찾을 수 없다면? 그렇다면 뭐라도 하나 만들어서 키워야 한다.

어떤 식으로 장점을 강화하여 브랜드를 더 날카롭게 만들 수 있을까?

이와 관련해서는 29CM에서 브랜딩 디렉터로 일할 당시의 경험이 가장 많이 떠오른다. 우선 엄청난 고민 끝에 브랜드 미션을 "Guide to Better Choice", 즉 "사람들의 더 나은 선택을 돕는다"라고 정했다. 그리고 그것을 고객들에게 전달하는 방법으로 글을 통한 '스토리텔링'에 집중하기로 했다.

그 당시 다른 커머스 사이트에서는 글다운 글을 찾아보기 어려웠다. 글이라고 해봐야 상품명, 가격, 할인율 등의 제품을 알리는 정보에 가까운 게 다였다. 사실 당연한 일이었다. 쇼핑몰에서 굳이 상품 정보 외에 스토리텔링을 하며 긴 글을 풀어나갈 필요가 없으니 말이다. 그러나 29CM는 다르게 가보기로 했다. 제품 하나를 소개할 때도 감성적인 카피 문구를 타이틀로 뽑아내고, 해당 제품을 스토리텔링 방식으로 소개했다. 많은 고객들이 29CM는 쇼핑몰이라기보다는 꼭 온라인 매거진 같은 인상을 받는다고 후기를 남겨주었다. 즉, 감성적인 글과 스토리텔링이 29CM만의 큰 차별점으로 두드러져 보인 것이다. 그래서 그다음 단계로, 바로 이 강점을 최대한 확장해보기로 했다. 이메일 수신을 동의한 회원들에게 메일로 에세이 연재물을 발행했고, '29 페이퍼'라고 하는 무가지 형식의 종이잡지를 만들어 서울의 다양한 공간에 배포하기도 했고, 사이트 내에 '29CM 매거진'이란 메뉴를 만들어, 문화행사, 공연, 여행 등을 테마로 한 다양한 글들을 게재했다. 또한 그동안 연재했던 에세이를 모아 '사물의 시선'이란 제목의 단행본으로 출간했다. 더 나아가 고객들을 대상으로 에세이를 공모해 그중 좋은 글들을 웹사이트와 공식 소셜미디어 채널에 소개하기도 했다. 이러한 여러 가지 활동들로 인해 사람들은 자연스럽게 29CM 하면 '감성 글'과 '스토리텔링'을 많이 떠올리게 됐고, 두터운 팬층이 형성되기 시작했다. 매주 연재하는 에세이가 업로드되기를 기다린다는 고객도 많았고, 이를 모아 출간한 책은 잠깐이지만 베스트셀러가 되기도 했다. 따로 쇼핑할 것이 없더라도 매거진 콘텐츠를 보기 위해 29CM 앱을 방문한다는 사람들도 늘어나기 시작했다.

29CM의 강점을 확장시키기 위한 이런 여러 시도들이 마케팅과 직결되는 것은 아닐 수도 있다. 고객들로 하여금 제품을 구매하도록 직접적으로 설득하는 활동은 아니기 때문이다. 하지만 철저히 브랜딩에 기안한 활동이라고는 말할 수 있다. 강점을 더 강하게 만들고, 그를 통해 사람들에게 우리가 어떻게 다른지 보여주며 호기심을 갖고 우리를 찾게 하는 일. 그것이 바로 브랜딩의 역할이다.

사이트에 '29CM 매거진'이란 메뉴를 마련해
콘텐츠를 강화했다.

무가지 형식의 종이잡지 '29 페이퍼'.

온라인 연재 에세이를 모아
단행본『사물의 시선』을 펴냈다.

어떻게든
남들과 다르게
나를 알리기

이번에는 좀 더 냉정한 현실을 이야기해보자. 사실 내가 누구고, 나의 강점이 무엇인지를 아는 것만으로는 아무 일도 일어나지 않는다. 내가 어떤 사람이고 나의 차별점이 무엇인지, 나의 아이덴티티를 적극적으로 알려야만 누군가가 날 바라봐준다. 가만히 앉아 있어서는 어떤 일도 일어나지 않는다. 그렇다면 어떻게 나를 알려야 할까? 사실 이것에 정답이란 없다. 어떤 식으로든 남들과 다른 방식으로 나를 알릴 필요가 있다. 거기에 우아함과 품격은 중요하지 않다. 무슨 수를 써서라도 한 번이라도 나를, 우리 브랜드를 주목하게 하는 것이 중요하다. TV 광고를 하면 된다고 쉽게 말할 수도 있겠지만, 안타깝게도 모든 기업이 그만큼 형편이 좋은 건 아니다.

2014년 당시 29CM의 인지도는 그리 높지 않았다. 나를 포함한 동료들 모두 29CM가 차별화된 온라인 편집숍임을 보어줄 준비가 되어 있었지만, 외부에서는 그것을 잘 모르는 것이 문제였다. 어떻게 우리를 알릴 수 있을까? 그것도 예산이 거의 없는 수준에서 말이다. 그때 떠올린 생각이 하나의 명확한 주제를 잡은 뒤, 그것과 관련해 이목을 집중시킬 콘텐츠를 만들어보자는 것이었다. 어떤 주제로 정할지 고민하던 중, 5월 22일이 세계 생물종 다양성 보존의 날이란 것을 알게 되었다. 이것을 주제로 삼으면 사람들에게 다양한 멸종위기 동물도 보여주며 의미 있는 캠페인을 만들 수 있겠다 싶었다. 그렇다면 어떤 방식으로 보여줘야 서비스와의 연결성도 높이면서 사람들의 이목을 집중시킬 수 있을까? 우리는 그것을 패션에 접목시켰다. 그렇게 해서 29명의 직원들이 당시 29CM에서 판매 중인 제품들을 손수 입고 촬영을 한 다음, 각자 얼굴에 멸종위기 동물들의 얼굴을 합성하게 되었다. 그리고 이것을 룩북 형태로 제작해 세계 생물종 다양성 보존의 날에 맞춰 공개했다. 캠페인을 "29 ANIMALS"라고 이름 붙이고, 각각의 멸종위기 동물을 소개하며 현재 어떤 상황에 처해 있는지에 대한 정보도 함께 게시했다.

이런 배경에서 진행한 '29 ANIMALS'는 패션 아이템을 판매하는 온라인 편집숍이라는 서비스의 성격을 유지하면서, "사람들의 더 나은 선택을 돕는다"(Guide to Better Choice)라는 29CM의 브랜드 미션, 그리고 "멋지고 착하고 엉뚱하게"

(Goody Hearty Wacky)라는 당시 슬로건을 잘 보여주는 캠페인이었다. 캠페인을 소셜미디어를 통해 공개하자 곧 여기저기 퍼지기 시작했고 언론 매체에서 이를 기사화해주기도 했다. 모두 합쳐 100만 원이 채 안 되는 광고비로 진행한 캠페인이었지만, 29CM라는 브랜드를 봐주게 하는 계기가 되었다. 또 하나 흥미로웠던 점은, 이 캠페인이 정확히 6년 뒤인 2020년에 다시 한 번 트위터를 통해 크게 화제가 되었다는 것이다. 3천 번 이상 리트윗되면서 "트위터에서 화제가 된 아주 특별한 동물 패션 화보"라는 제목으로 기사가 발행되기도 했다. 이렇듯 적은 예산으로도 충분히 효과적인 캠페인이 가능하다는 것을 이번 기회에 확인할 수 있었다.

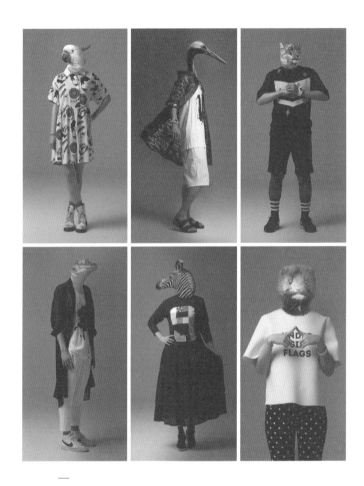

멸종위기 동물을 주제로 삼아 진행한
'29 ANIMALS' 캠페인

흔한
경품 이벤트도
남들과는
다르게

정보가 넘쳐나는 세상에서 무언가로 누군가의 이목을 집중시키는 것은 결코 쉬운 일이 아니다. 그래서 보통 기업들에서는 리워드 즉, '경품'을 활용하여 사람들의 주목을 끄는 방식을 선호해왔다. 하지만 하루에도 수많은 이벤트가 진행되고 사라지는 상황에서 모든 경품 이벤트가 원하는 바를 달성할 수 있을까? 오히려 무분별하게 진행하는 경품 이벤트는 브랜드의 이미지를 해치는 요인으로 작용할 수도 있다.

그렇지만 앞서 얘기한 대로 브랜드의 인지 초기 단계, 즉 브랜드가 만들어진 지 얼마 되지 않은 경우에는 사실 브랜드를 알릴 수 있는 활동이 제한적일 수밖에 없다. 그런 상황에서 가만히 앉아서 우리를 봐달라고, 우리 앱을 설치해달라고, 우리의 회원이 되어달라고 기다릴 수는 없으니, 어떻게든 세상에 존재감을 알려야 한다. 그때 기업들이 가장 쉽게 떠올리는 방법이 바로 경품을 걸고 진행하는 이벤트다. 공짜로 무엇을 준다는데 싫어할 사람은 그리 많지 않으니까.

나도 2014년, 29CM 앱을 막 론칭했을 때 비슷한 고민을 했다. 차별화에 애써서 잘 만든 앱을 어떻게 많은 사람들이 다운로드하게 만들 것인가. 그래서 선택한 것이 바로 경품 이벤트였다. 하지만 뻔하고 안전한 방식으로 이벤트를 진행하고 싶진 않았다. 대부분의 경품 이벤트는 책정된 예산 안에서 경품을 되도록 많이 쪼개서 제공하려고 한다. 아무래도 경품의 종류가 많아지면 응모자가 당첨될 확률이 높아지니, 더 많은 사람들이 참여할 것이라는 생각에서다. 때로는 "당첨 확률 100퍼센트"라는 조건을 내걸기도 한다.

그렇지만 나는 경품 이벤트에서도 좀 더 차별화된 모습을 보여주고 싶었다. 경품 이벤트를 브랜드를 알리는 도구로 사용할 수는 없을까? 이벤트 내용 자체에서도 브랜딩의 효과를 기대할 수는 없을까? 이런 질문에 답을 찾기 위해 여러 가지 고민을 거듭한 결과 몇 가지 이벤트를 성공적으로 진행할 수 있었고, 그중 'GET 29CM, GET MINI'를 소개해보고자 한다. '29CM 미니 쿠퍼 이벤트'로 기억하는 사람도 많을 텐데, 아마도 29CM를 오래 전부터 알고 있던 분이라면 그 당시 이 이벤트에 참여했거나, 이를 계기로 29CM를 알게 된 분도 많을 것이다. 차별화를 위해 다음의 내용에 중점을 두었다.

첫째, 오로지 한 명에게만 주는 큰 혜택

오직 딱 한 사람에게만, 그리고 그에게 차 한 대를 주는 방식을 선택했다. 이런 방식이라면 이벤트의 주목도를 일반 경품 방식에 비해서 더 높일 수 있을 거라 생각했다. 차를 증정하는 이벤트가 당시엔 그리 흔치 않았고, 비록 내가 당첨되지는 못해도 누가 그 주인공이 될지 궁금하게 마련이니까.

둘째, 추구하고자 하는 브랜드 이미지와 가장 잘 맞는 브랜드를 경품으로 선정

차를 경품으로 증정한다는 것만으로는 뭔가 부족했다. 경품도 해당 브랜드 이미지에 잘 부합해야 한다고 생각했기에, 고민 끝에 차종을 미니 쿠퍼로 정했다. 미니 쿠퍼의 "NOT NORMAL"이란 슬로건이 29CM가 추구하는 바와 잘 맞는다는 생각이 들었기 때문이다. 그리고 미니 쿠퍼는 커스터마이징 방식이 다른 차종에 비해 많이 열려 있다는 점도 매력적이었다.

셋째, 세상에 단 하나뿐이라는 희소성

그래서 우리는 검정색 미니 쿠퍼를 한 대 구입해서 그것을 29CM를 떠올리게끔 화이트와 크롬 컬러의 선을 넣어 커스터마이징 했다. 안전벨트에는 당시 29CM의 슬로건이었던

"멋지고 착하고 엉뚱하게(Goody Hearty Wacky)"를 새겨 넣었다. 이렇게 세상에 하나뿐인 미니 쿠퍼 한 대를 경품으로 준비해둔 것이다.

넷째, 고객을 주저하게 하는 단 하나의 요인까지 깨끗이 없앤다

경품 수령 시 발생하는 제세공과금도 29CM에서 부담하기로 했다. 사실 어떤 경품이건 그것이 5만 원 이상이면 제세공과금 22%는 고객이 부담해야 한다. 만약 그것이 자동차라면 그 액수는 더욱 부담스러울 수 있고, 그로 인해 당첨된 사람에게는 이벤트에서 겪는 마지막 경험이 그리 좋지 않은 기억으로 남을 수도 있다. 그리고 제세공과금마저 기업에서 감당한다는 방식을 강조하면 확실히 차별화시킬 수도 있을 것 같았다. (요즘은 이벤트에서 제세공과금을 기업이 부담하는 경우가 종종 있다. 아마 이 이벤트 이후 발생한 현상이라 생각한다.)

그렇게 29CM 앱으로 이벤트에 응모한 사람 중 단 한 명에게 세상에 하나뿐인 미니 쿠퍼를 제세공과금 부담 없이 제공하는 이벤트를 2주간 진행하게 되었다. 이벤트에 응모하기 위해서는 앱을 설치하여 앱을 경험해봐야 하고, 또 당첨 시 연락을 위해 회원 가입이 필수였다. 결과는 어땠을까? 우선 이런 새로운 방식의 경품 이벤트를 접하는 것은 처음이었기에 많은 사람들이 호기심을 보였다. 그리고 자신이 혹시 그 한 명이 될 수 있을지 궁금했는지 정말 많은 사람들이 이벤트에 참여했다. 2주간 이벤트 페이지에 100만 명 이상이 몰렸고, 29CM 앱 다운로드는 약 10만 건이 발생했다. 회원 가입 역시 자연스레 같은 숫자로 증가했는데, 이벤트 이전 평균 회원 가입 수의 몇 십 배에 달하는 숫자였다.

소셜미디어에서도 난리가 났다. 당시 29CM 페이스북 계정에 게재했던 이벤트 포스팅은 1.1만 라이크를 발생시켰으며, 1.9천 개의 댓글에, 1천 회에 가까운 공유가 발생했다. 그러니 이 포스팅 하나의 도달률 또한 아마 엄청났을 것이다. 애플 앱스토어 라이프스타일 부문에서도 1위를 달성했고, 전체 무료 앱 부문에서는 4위까지 도달했다. 이 이벤트를 계기로 네이버 검색창에 29CM를 입력하면, 자동완성 기능으로 29CM 미니 쿠퍼, 29CM 이벤트라는 키워드가 함께 노출될 정도로 호응이 뜨거웠다. 그 당시는 인스타그램이 지금처럼 활성화될 때가 아니었는데, 만약 요즘처럼 인스타그램까지 동원되었다면 아마도 훨씬 많은 노출과 참여가 이루어졌을지도 모르겠다.

2주의 기간 동안 이벤트는 성공적으로 마무리되었지만 아직 하나 중요한 과제가 남아 있었다. 바로 당첨자를 선정하고 경

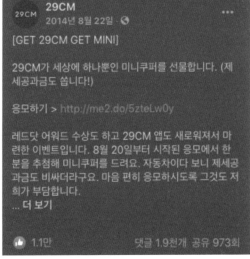

세상에 하나뿐인 미니 쿠퍼를 제세공과금
부담 없이 제공하는 이벤트로 큰 화제를 모았다.

품을 배송하는 일이다. 그리고 그 남은 마지막 과정까지 남들과는 다른 방식을 택하고자 했다. 얼마나 공정하게 선발했는지를 보여주기 위해 간단한 코딩을 통해 10만 명이 넘는 응모자 중 한 명을 선정하는 과정을 편집 없이 촬영하여 고객들에게 공개하였다. 그리고 평소 29CM 택배 배송 박스와 똑같은 디자인으로 미니 쿠퍼가 들어갈 정도의 크기로 박스를 제작해 당첨자에게 직접 배송했다. (심지어 택배 송장도 부착하였다.) 이런 일련의 과정을 모두 영상으로 촬영해 공개함으로써, 2차적인 홍보 효과를 발생시키기도 했다. 'GET 29CM, GET MINI' 경품 이벤트는 큰 화제를 불러일으키며, 고객들뿐만 아니라 기업 내부 직원들, 거래처 관계자들 사이에서도 정말 오랫동안 회자되고 기억에 남는 이벤트가 되었다.

—

경품을 당첨자에게 배송하는 과정까지
영상화하여 공개하였다.

'GET 29CM, GET MINI'
바이럴 영상 QR코드

이벤트만으로
브랜딩이
가능할까

29CM에서 일하던 당시 'GET 29CM, GET MINI' 이벤트 만큼이나 홍보 효과가 컸던 또 다른 이벤트가 바로 '29CM 천만 원 이벤트'라고 불리던 이벤트다. 세 번에 걸쳐 시리즈로 진행한 이벤트라 그 방식도 독특했다.

첫째, 오직 한 명에게만 제공하는 1천만 원 마일리지

'GET 29CM, GET MINI' 이벤트와 마찬가지로 이번 이벤트에서도 다수에게 골고루 혜택을 나눠주는 방식이 아닌, '오직 한 사람'에게만 큰 행운이 돌아가도록 기획했다. 이번 경품은 1천만 원 상당의 마일리지였다. 예산상 가능한 최대 금액이기도 했지만, 천만 원이라는 액수는 도전해보고 싶을 정도의 큰 금액기도 한 데다, 꼭 참여하지 않더라도 기억에 남을 만한 액수였기 때문이다. 차량과 달리 이번엔 경품 제공의 방식도 손쉬웠다. 같은 천만 원의 예산이라도 그것을 1천 명 또는 그 이상으로 쪼개어 경품으로 제공하는 일반적인 방식이 아닌, 오직 한 명에게 제공한다는 점이 이 역시도 큰 차별점으로 작용할 거라 생각했다.

둘째, 한 달, 하루, 그리고 한 시간 안에 몽땅 써야 하는 게임 같은 미션

최종 당첨자는 제공된 1천만 원을 제시한 기간 내에 몽땅 써야 한다는 미션을 붙였다. 미션 덕분에 마치 게임처럼 받아들여져 수많은 사람들의 도전 욕구를 불러일으켰다. 첫 이벤트에서 제시한 한 달이라는 기간은 다음 이벤트에서는 단 하루, 그리고 그다음에는 무려 단 한 시간 안에 써야 하는 미션으로 점점 그 난이도를 높여갔다. 이렇게 세 차례 시리즈로 연속성 있게 이벤트를 진행함으로써 첫 번째 이벤트에 참여한 사람들이 다음 이벤트에도 재도전하는 경우가 많았고, 그들에게 29CM라는 브랜드를 더욱 뚜렷이 각인시켰다.

셋째, 모집 공고와 같은 커뮤니케이션 방식

이벤트를 알리고 전달하는 커뮤니케이션 방식에도 차별화를 주고자 했다. 벽보처럼 모집 공고 포스터로 디자인을 해서 경품 소식을 전했는데, 즉, 이러한 이벤트에 참여해보라는 일반적인 커뮤니케이션 방식에서 벗어나, '1천만 원을 한 달 안에 몽땅 쓸 수 있는 사람을 찾는다'는 메시지를 포스터에 담아 사람들에게 알렸다. 이 같은 전달 방식은 사람들의 호기심을 더욱 자극했고, 도전 욕구도 더 크게 불러일으켰다.

넷째, 만우절 단 하루만 진행

보통 하나의 이벤트를 진행하면서 그 기간을 몇 주 정도로 잡는데, 그 이유는 사실 명확하다. 이벤트를 홍보하는 데에도 시간이 필요하고, 기간이 어느 정도 길어야 더 많은 사람들이 참여할 수 있으니 말이다. 하지만 '29CM 천만 원 이벤트'에서는 새로운 모험을 해보기로 했다. 이 이벤트를 마치 만우절 거짓말처럼 보이도록 만우절 당일, 단 하루에만 진행하기로 한 것이다. '단 하루'라는 제한적 상황으로 인해 CTA(Call to Action), 즉 사람들을 즉각적인 행동으로 이끌 수 있을 것 같았는데, '내가 이 이벤트에 당첨이 될까?'라고 걱정하기 전에 '단 하루라는데 일단 참여하고 보자' 하는 심리를 이용한 것이다. 그리고 그 하루를 '만우절'로 설정해 이벤트의 주목도를 더욱 높이고자 했다. 사람들이 거짓말이라고 생각하고 참여하지 않으면 어쩌나 걱정이 들기도 했지만, 그보다는 모든 거짓말이 용서되는 만우절이라는 독특한 상황 속에서 이런 메시지를 던지면 더 많은 관심을 받고 재미를 줄 수 있을 것이라 판단했다. 만우절이니 속는 셈치고 한번 해보자는 심리도 있을 것이고 말이다.

그 밖에 'GET 29CM, GET MINI' 이벤트와 마찬가지로, 이번 이벤트에서도 당첨된 경품의 제세공과금은 쿨하게 29CM가 부담하기로 했다. 한편으로 '위로금'이라는 명목을 만들어 이벤트 참여자 일부에게 5만 마일리지를 제공하는 장치를 설정해 참여도를 더욱 높이고자 했다.

—
만우절 하루 동안 진행한
천만 원 마일리지 증정 이벤트.

3년간 총 3회에 걸쳐 진행했던 이 이벤트의 결과는 놀라웠다. 진행 기간이 매우 짧았음에도 불구하고, 세 번에 걸친 이벤트를 통해 약 100만 명이 이벤트 페이지를 방문했고 그중 신규 회원 10만 명이 앱을 통해 이벤트에 참여했다. 이 이벤트의 목적은 앱 설치(신규 회원 확보)였으니 결과적으로 그것을 달성한 셈이다. 이벤트 참여자들도 이벤트 콘셉트가 재미있었는지 공유 횟수도 높았고, 공식 계정의 이벤트 포스팅에 달린 댓글 수도 거의 5천 개에 달했다. 이 이벤트가 만우절 거짓말이면 사이트를 폭파하겠다는 무서운(?) 댓글이 달리기도 했다. 이 만우절 이벤트는 예상 못한 재미있는 이슈들을 많이 만들어냈는데, 꽤 많은 참여자들이 미리 자신의 장바구니에 1천만 원 상당의 물건을 가득 채워 놓았다는 것이다. 그 과정에서 서버가 잠시 느려질 정도였다. 이는 서비스 경험의 측면에서도 상당히 의미가 있었다. 많은 사람들이 자연스럽게 서비스 구석구석을 탐색하고, 다양한 카테고리의 상품들을 경험하게 되었으니까. 물건으로 가득 채운 자기 장바구니 금액을 인스타그램에 해시태그를 달고 인증하는 참여자들도 있었다. 처음 기획했던 바대로 사람들이 마치 하나의 게임처럼 즐기고 있는 모습이었다. 이벤트 후기도 당첨자에게 당첨 소식을 알리고 그것을 전해들은 당첨자가 깜짝 놀라는 모습을 그대로 영상으로 담았고, 당첨자의 구입 물품을 스치듯 빠르게 보여줬는데, 그 영상이 또 재미있었는지 많은 사람들이 소셜 미디어로 퍼뜨려주었다.

—
당첨 후기 영상으로 당첨 소식을 알리는
실제 장면도 담았다.

**만우절 이벤트
후기 영상 QR코드**

이렇게 두 가지 차별화된 이벤트를 통해 당시 29CM의 브랜드 인지도는 엄청나게 높아졌다. 이벤트를 통해 29CM를 처음 접하고 사용하게 된 사람들이 수치상 20만 명 정도라고 도출되었지만, 이벤트에 참여하지 않았더라도 이를 접하며 29CM라는 온라인 편집숍을 알게 된 사람의 수는 아마 100만 명은 족히 넘었을 것이다.

그렇다면 과연 이벤트만으로 브랜딩이 가능할까? 이벤트는 가장 흔한 마케팅의 방식이다. 하지만 대부분의 이벤트는 고객을 잠시 끌어모으는 것으로 끝나는 경우가 허다하다. 그렇기에 앞서 언급한 사례와 같이 이벤트의 내용이나 진행 방식, 그리고 당첨자 발표까지 하나하나 신경 쓰며 남들과는 다른 방식으로 진행하여 브랜드의 존재감을 각인시키고자 했다.

누군가가 이런 이벤트들이 브랜딩에 효과가 있었냐고 물어본다면, 그렇다. 그것도 아주 큰 효과가 있었다. 앞서 말한 대로 'GET 29CM, GET MINI' 이벤트와 만우절 천만 원 이벤트를 통해 29CM의 브랜드 인지도는 크게 높아졌다. 특히 'GET 29CM, GET MINI' 이벤트는 처음으로 29CM라는 이름을 많은 사람들에게 알린 이벤트였는데, 그것은 그 방식이 매우 유니크했기 때문이다. 차별화된 이벤트 전개 방식이 이곳이 다른 쇼핑몰과는 확실히 다름을 경험하고 인지하게 한 것이다. 또한 천만 원 이벤트는 참여자들이 서비스를 구석

구석 탐색하는 행위까지 유도하면서 브랜드 전반에 대한 경험의 기회를 마련해주었다. 이후 29CM에서 진행한 이벤트 콘셉트를 모방해서 다른 기업에서 이벤트를 진행한 경우도 있었는데, 업계에서 카피할 정도라면 우리 브랜드가 진행한 이벤트가 꽤 성공적이었다는 근거 같아 오히려 기분이 좋았다.

사람들의
기억에
오래 남으려면

브랜드가 어떤 이유에서든 일단 주목을 받았으면, 사람들의 기억 속에 남는 일에서 한 단계는 성공했다고 볼 수 있다. 그렇지만 문제는 기억 속에서 얼마나 오랜 시간 남아 있을 수 있는가이다. 기억은 휘발되게 마련이고, 그래서 남들과 다른 모습, 내가 추구하는 모습을 꾸준히 보여줘야 다른 사람들의 기억에 각인시킬 수 있다. 그리고 이것은 강렬함에서도 발휘되지만, 주로 지속성에서 비롯된다. 브랜딩을 하는 사람에게 가장 도전적인 과제는 브랜드의 지속성을 어떻게 유지하느냐이다. 브랜딩 과정에서 브랜드에 대한 사람들의 관심이 높아지는 때가 있으면, 낮아지는 때도 있게 마련이다. 그럴 때마다 무언가를 통해 지속적으로 해당 브랜드만의 이미지를 보여줘야 한다. 그렇기에 항상 차별화된 모습을 보여줘야 한다는 부담감과 그에 따른 새로운 창작의 고통은 브랜딩을 하는 사람의 숙명과도 같다.

29CM의 브랜딩을 진행할 당시, 그 지속성을 유지하기 위해 진행했던 이벤트들 중 하나가 '시티 리포터'이다. 앞서 말했듯 브랜드의 차별화를 위해 서비스 카테고리 중에 매거진 코너를 마련해두고 있었는데, 그곳에서 다루던 다양한 소재에서 특별히 여행을 주제로 이벤트를 진행해본 것이다. 요즘 소위 '힙하다'고 받아들여지는 전 세계 도시들 가운데 한 곳을 정한 다음, 앱 내에서 신청을 받아 한 팀(본인 포함 3인까지)을 선정해 왕복 항공권과 소정의 활동비를 제공하는 내용의 이벤트였다. 선정된 팀이 해당 도시로 떠나 자유로운 일정 안에서 그 도시의 다양한 숍들을 소개하는 리포터 역할을 하는 것이다. 그리고 그들이 기록한 여행보고서는 29CM 앱 내 매거진을 통해 유저들에게 글과 사진으로 소개된다.

이 이벤트 역시 상당히 호응이 높았다. 첫 도시였던 베를린을 시작으로 방콕, 헬싱키, 타이베이 등으로 이벤트를 이어감으로써 브랜딩 활동의 지속성을 이어갔다. 특히 시티 리포터는 29CM 회원들을 대상으로 한 설문조사에서 가장 기억에 남는 이벤트로 가장 많이 언급되기도 했다.

지속성 있게 브랜딩 활동을 진행해나가기 위해 29CM에서 또 다른 만우절 이벤트를 기획할 때도 많은 공을 들였다. 이

—

네 번째 시티 리포터 이벤트였던
타이베이 편.

미 1천만 원 상당 마일리지를 증정하는 만우절 이벤트로 참
신하고 기발하다는 인상을 얻어냈기에, 그것을 지속시키면
서도 또 새로운 방식의 이벤트를 준비할 필요가 있었다.

그렇게 진행한 것이 '하트 쇼핑'이라는 만우절 이벤트다.
29CM에서 출시한 새로운 쇼핑 기능이란 설정으로 소개한
하트 쇼핑은 말 그대로 내가 그 상품을 정말 원하는지 심장의
반응을 보여준다. 내가 29CM 앱을 통해 보고 있는 상품이
내가 정말 원하는 상품인지 혹은 충동구매인지 애플워치의

심박 센서가 내 심박동수를 자동으로 감지하여 알려주는 것이다. 충동구매로 의심되면 심호흡을 유도하고 마음을 안정시켜주는 기능이 동작한다. 이 기능이 동작했음에도 불구하고 다음 날 다시 해당 상품을 보았을 때 심박수가 올라간다면 그것은 정말 사야 하는 상품이다. 이러한 내용을 가이드 영상으로 만들어 만우절인 4월 1일에 공개했다. (티저 영상도 사전 제작하여 미리 공개했다.)

단순히 일회성 재미로 끝나는 일반적인 만우절 이벤트가 아닌, 근미래에 등장할지도 모를 그런 쇼핑 기능을 '하트 쇼핑' 기획으로 제안해보고 싶었다. "Guide to Better Choice"라는 브랜드의 미션과도 잘 맞아떨어지는 기획이기도 했다. 정말로 29CM에서 출시한 기능이라고 생각했는지, 애플워치에서 어떤 앱을 다운받으면 되는지 문의해오는 경우도 꽤 있었다. 한 블로거는 하트 쇼핑을 다음처럼 언급하기도 했다. "일반적인 쇼핑몰과 남다른 행보를 가고 있는 29CM는 만우절 이벤트조차도 '남 다르게' 했습니다. 브랜드 철학과 미션을 담은 캠페인으로도 재미있는 만우절 이벤트를 만들 수 있음을 보여준 셈이죠. 많은 브랜드들이 참고할 만한 만우절 이벤트 레퍼런스로 회자되지 않을까 싶습니다." 이런 식으로 29CM는 늘 크고 작은 화제를 몰고 다니는 이벤트들을 이어가며, 이를 통해 29CM만의 브랜딩을 지속해나가고자 했다.

만우절 이벤트로, 쇼핑 시 심박동수를 감지한다는
설정의 '하트 쇼핑'을 진행했다.

'하트 쇼핑'
티저 영상 QR코드

'하트 쇼핑'
가이드 영상 QR코드

진심은 힘이 세다

브랜딩에 있어서 중요한 요소들을 꼽아보자면, 브랜드다움, 차별성, 지속성, 진정성 같은 것들이 떠오른다. 그중 진정성 하면 가장 먼저 떠오르는 브랜드가 하나 있는데, 바로 자동차 회사 '볼보'다. 볼보는 오직 '안전'이라는 키워드 하나를 고객의 머릿속에 각인시키기 위해 오랜 시간 많은 비용을 쏟아부으며 브랜딩을 해왔다. 그리고 그것에 성공했다. 그렇지만 내가 볼보를 좋아하는 이유는 그보다는 볼보가 정말 '안전'에 대해 진심이라는 것이다.

허리 부분만 감싸는 2점식 안전벨트가 사용되던 당시, 어깨 부위까지 감싸는 3점식 안전벨트를 처음 개발한 회사가 바로 볼보다. 그런데 무엇보다 특허받은 이 제조 기술을 무료로 공개하여 다른 자동차 회사들도 사용할 수 있게 한 점이 인상적이다. 자신만의 강점이 될 수 있었던 핵심 기술을 모두에게 공개함으로써 매출보다는 모두의 안전을 택한 기업의 결정이 정말 멋져 보였다. 기업이 안전을 얼마나 중요하게 생각하는 지를 보여주는 단적인 예다. 그 밖에 볼보는 주행 안전과 관련한 다양한 기술 특허를 보유하고 있기도 하다.

브랜딩을 하는 사람으로서 볼보를 더욱 눈여겨보게 된 계기는 볼보 코리아 공식 소셜미디어를 통해 접한 "#볼보의_오지랖"이라는 제목의 이미지 한 장이었다. 그 이미지에 따르면, 볼보 차종 중 높은 전고를 가진 크로스오버 차량은 하단에 크로스 멤버라는 것이 있어, 마주 오는 일반 세단형 차량과 정면 충돌 시 상대방 차에 올라타지 않고 정확히 메인 프레임끼리 맞닿게 하는 역할을 한다는 것이다. 그것을 본 순간, 볼보는 그 차량에 탑승한 사람의 안전뿐 아니라 상대 차량 운전자의 안전까지 지키려고 하는 브랜드라는 생각이 강하게 들었다. 자동차는 소비자가 제품을 구입하는 과정에서 시간과 노력을 많이 들이는 '고관여 제품'이다. 그만큼 가격이 비싸기 때문이다. 그렇기에 고관여 제품 브랜드들은 보통 브랜드 광고에 매우 많은 비용을 사용한다. 자기 브랜드 상품을 최대한 고급스럽고 소유하고 싶게끔 만들고자 하는 것이다. 그러나 볼보의 '안전'이라는 키워드에 대한 진정성은 그런 멋진 광고들보다 브랜드의 이미지에 더 큰 영향을 끼치는 듯하다. 적어도 나에게는 그러했다.

'#볼보의_오지랖'이라는 키워드와 함께 그 내용은 내 마음속에 오래 남았고 이후 볼보라는 브랜드에 더욱 깊은 관심을 갖게 되었다. 다른 자동차 브랜드에서 강조하는 '속도감' '세련됨' 같은 키워드보다 볼보에서 강조하는 '안전'이란 키워드가 내게는 훨씬 진정성 있게 다가왔고, 결국 나는 볼보 차량을 보유한 또 한 명의 고객이 되었다. 아마 다음 차를 구매할 때도 볼보라는 브랜드를 선택할 것이다. 그만큼 진심은 생각보다 힘이 세다.

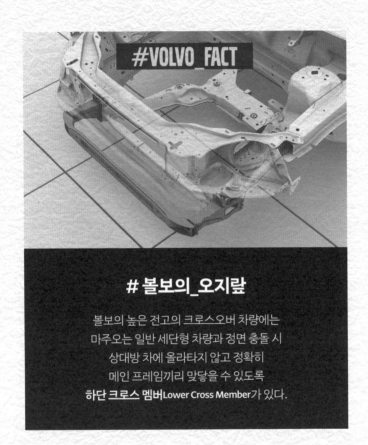

볼보의_오지랖

볼보의 높은 전고의 크로스오버 차량에는
마주오는 일반 세단형 차량과 정면 충돌 시
상대방 차에 올라타지 않고 정확히
메인 프레임끼리 맞닿을 수 있도록
하단 크로스 멤버 Lower Cross Member가 있다.

—

'안전'이라는 기업 철학으로
브랜딩을 이어가고 있는 볼보.

사람들의
마음속에
방점 찍기

브랜딩을 위해서는 지속성도 중요하지만, 가끔은 사람들에게 "와!" "역시!" 하는 감탄사를 유발시킬 만한 인상적인 브랜딩 활동이 필요하다. 이를 통해 사람들의 마음속에 방점을 뚜렷하게 남겨, 해당 브랜드에 대한 기억을 오래 지속시키고 브랜드가 가지고 가려는 이미지를 더 단단히 굳히는 것이다. 내가 경험했던 그 대표적인 사례를 꼽아보라면 아이웨어 브랜드인 '젠틀몬스터'다. 젠틀몬스터는 플래그십 스토어를 새로 선보일 때마다 정말 감탄을 불러일으킨다. 각각의 매장 콘셉트가 다르고 안경 판매를 위한 숍이라기보다는 하나의 고급스러운 갤러리에 가까운 인상을 준다. 플래그십 스토어에는 안경 제품을 그리 많이 진열하지도 않는다. 그보다는 방문객들에게 젠틀몬스터가 추구하는 고급함과 무게감, 그리고 예술적 실험정신을 전달하는 데 중점을 둔다. 그런 와중에 젠틀몬스터는 몇 년 전 배우 틸다 스윈튼을 모델로 화보를 출시하여 그들의 이미지에 방점을 찍었다. 화보가 무척 인상적이고 멋있어서 감탄사가 절로 나왔다. 젠틀몬스터라는 브랜드가 이제 엄연히 글로벌 브랜드로서의 이미지를 구축한 것만 같았다. 더 이상 젠틀몬스터를 국내 디자인 브랜드로 보는 사람은 없다. 우리의 인식 속에서 젠틀몬스터는 이미 글로벌 브랜드로 자리매김했다.

—
틸다 스윈튼을 모델로 내세운
젠틀몬스터 화보.

29CM에서 브랜딩을 이끌 당시, 사람들의 마음에 방점을 찍었다고 생각하는 프로젝트가 있는데, 2016년 여름에 론칭한 앱 푸시 서비스 '루시(Lucy)'이다. 세일즈 목적보다는 철저히 브랜딩 목적으로 기획한 프로젝트였는데, 기존의 앱 푸시 메시지의 성격을 완전히 바꾼 이 새로운 서비스는 당시 큰 화제를 일으켰다.

"29CM다운 앱 푸시 메시지는 어떤 모습일까?"

루시는 이 질문으로부터 시작되었다. 대부분의 커머스 서비스 앱에서 하루에 몇 번씩 유저들에게 메시지를 보낸다. 할인, 할인, 그리고 또 할인. 커머스 앱이니 푸시 메시지는 당연히 그래야 하는 줄만 알았고, 29CM도 처음에는 크게 다르지 않았다. 그런데 사용하는 앱이 늘어갈수록 각 앱에서 보내는 푸시 메시지도 쌓여가자, 유저들은 점차 그것에 피로감을 느끼고 푸시 알람을 꺼두기 시작했다. 조사 결과 푸시 메시지 때문에 앱을 삭제해버린다는 사례도 많았다. 그래서 늘 그랬듯 푸시 메시지에 있어서도 29CM는 남들과는 차별화된 방법을 고민해보기로 했다.

먼저 앱 푸시 메시지의 역할에 대해 생각해보았다. 마케팅 수신에 동의한 사람들에게 보내는 광고일까? 그렇다면 그들의 휴대폰 화면이 광고판의 역할을 하는 건가? 그렇지만 내 생각은 달랐다. 앱 푸시 메시지는 단순히 광고를 위함이 아니라, 브랜드가 고객과 소통하기 위해 말을 거는 것이라고 생각해보았고, 그렇다면 실제로 고객과 정서적 교감도 가능할 것이라 생각했다. 물론 고객의 목소리를 직접적으로 들을 순 없겠지만, 우리의 감정을 고객에게 전달하고 그것에 대한 고객의 메시지를 어떻게라도 받을 수만 있다면 어쨌거나 양방향 '소통'이 가능해 보였다. 이렇게 앱 푸시 메시지를 어떻게 개선할 수 있을까에서 시작된 생각은 하나의 작은 커뮤니케이션 서비스를 만드는 방향으로 확대되었다.

진정한 브랜딩은 브랜드를 사람으로 생각하게 하는 것이란 말이 있듯이 마치 사람처럼 고객에게 말을 걸고(앱 푸시 메시지) 자신의 생각과 감정(유입 시 노출하는 콘텐츠)을 고객과 나누는 역할이었으면 했다. 그래서 마치 영화 〈그녀(Her)〉의 사만다처럼 푸시 메시지 서비스에 '인격'을 입혀보기로 했다. 그것이 단순히 이름을 붙인다고 되는 건 아니었고, 인격이 갖추고 있는 명확한 특징들을 정의하고 그를 서비스에 담아내야 했다. 그래서 성별, 나이, 외모, 성격, 말투, 느낌 등을 기준으로 특징을 정의해보기 시작했는데, 그 모습이 내부에서 29CM에 기대하는 이미지, 즉 브랜드의 페르소나와 최대한 일치하도록 했다. 그리고 이름은 발음하기 쉬운 영문 이름 중 LUX, 즉 빛(Light)이라는 뜻의 라틴어에서 파생된 '루시(LUCY)'로 정했다.

—
루시의 로고.

루시의 페르소나를 기준으로 삼아 이 가상의 존재를 구체적
으로 디자인해보았다. 따로 특정 컬러를 지정하지 않고 다양
한 색상의 그라데이션을 통해 루시의 감정 변화를 표현해보
고자 했다. 루시의 얼굴(로고)은 생생한 존재감이 느껴지도록
이미지가 아닌 gif로 제작하여, 애플의 시리처럼 계속 움직이
는 모습으로 표현했다. 앱 푸시 사운드에 해당하는 목소리는
사운드 전문가에게 의뢰해 루시의 나이대의 여성이 가진 음
역대와 흡사한 음역대로 제작했다.

루시 소개 영상
QR코드

루시의 감정은 글로 전달될 테니, 메시지에 담긴 문체 또한
무척 중요했다. 그를 통해 고객들은 루시의 성격을 접하게 될
것이다. 그래서 다양한 에세이와 소설 등의 문체들을 분석하
고 그중 담백하면서도 여운이 남는 문체를 중심으로 여러 테
스트 과정을 거쳐 루시만의 말투, 즉 메시지 속 문장의 톤 앤

매너를 만들어냈다. 이도우 작가의 소설『사서함 110호의 우편물』, 이석원 작가의 산문집『언제 들어도 좋은 말』등을 참고했다. 이러한 디테일 요소가 루시와의 관계를 더 감성적으로 만들 뿐 아니라 루시라는 존재 자체를 더 매력적으로 만들 것이라고 생각했다.

그렇다면 이렇게 탄생할 루시의 역할은 무엇일까? 이는 명확했다. 루시는 늘 당신에게 관심을 기울이고 당신과 감정을 공유하고 싶어 한다. 루시는 메시지를 통해 당신의 안부를 물으며 자신의 관심사와 일상의 이야기를 공유하기도 하고, 때론 고민을 털어놓기도 하고 당신을 위로하기도 한다. 즉 당신과 더 가까워지고 싶은 존재, 이것이 바로 루시의 역할이다. 그래서 루시는 상품을 추천하거나 구매와 관련된 내용은 전혀 이야기하지 않는다. 루시의 관심사는 오직 사용자와의 감정적 교류다.

이렇게 2016년 7월, 루시는 29CM의 수십만 유저들과 첫인사를 했다. 루시를 처음 선보였을 때의 반응은 예상보다 훨씬 폭발적이었다. 많은 사람들이 루시의 오픈 소식을 개인 소셜 미디어에 공유하기 시작했고 "역시 29CM답다"는 많은 글들을 확인할 수 있었다. 난생처음 앱 푸시 알람을 켜봤다는 반응도 있었다. 앱 푸시 메시지의 오픈율 또한 이전과 비교해서 훨씬 높아졌다. 실제로 루시에게 직접 메일을 보내는 사람들도 있었다. 대부분 루시에 대한 개인적 궁금증들과 감사의 내용이었는데, 동료들은 루시에 빙의하여 모든 메일에 직접 답장을 보냈다. 루시를 개발할 당시의 기획 의도처럼 루시는 정말 고객과의 소통 창구가 되어 그들과 더 깊은 관계를 형성하고 있었다. 이들에게 루시는 단지 온라인 커머스 앱에서 보내는 푸시 서비스가 아닌 그 이상의 무엇이었다.

루시는 29CM의 미션(Guide to Better Choice)을 관계적 측면에서 잘 풀어낸 성공적인 브랜딩 사례였다. 루시는 세상에 소개된 후 여러 언론사의 주목을 받기도 했다. 그중 "단순히 판매를 위하기보다 소비자와의 교감에 집중하려는 시도는 그들의 브랜드 아이덴티티와 공명한다"(《THE PR》)라는 내용이 특히 기억에 남는다. 그리고 에스티유니타스의 직무 교육 브랜드, 커넥츠 스콜레에서 기획한 '스콜레 프로젝트'에 현대카드, SSG, 비비고, 무인양품, 러쉬 등의 막강한 브랜드와 함께 최고의 브랜딩 프로젝트로 소개되기도 했다.

이렇듯 루시는 고객과의 더 나은 관계 형성(better relationship)을 위한 29CM만의 방식을 잘 보여준 사례였다. 루시는 29CM의 브랜드 이미지를 한 단계 업그레이드시켰고, 고객들의 머리와 가슴속에 방점을 찍으며 오래도록 머물렀다. 물론 아직까지도.

"내가 29CM를 좋아하는 이유, 어플 푸시를 이렇게 만들다니"

"그야 말로 감성적이고 트렌디한 29CM의 브랜딩을 담아낸 알림이다"

"29CM는 진짜 이쁘다. 앞서간다."

"푸시 알림의 의인화, 사람이 말을 거는 듯 조금 더 감성적인 접근.. 멋져!"

"29CM의 쩌는 마케팅이자 브랜딩"

**"29CM는 잘파는 쇼핑앱을 넘어 유저의 생활속으로 들어가
문화를 형성하려는 의지가 보인다."**

"신선한 충격이다"

"난생 처음 앱 푸시를 풀어보았다"

"사용자와 더 긴밀해 지는 법을 아는 29CM"

"와.. 이건 역시 29CM.. 쇼핑앱이 친구가 되려 하고 위로가 되려 한다"

"귀찮은 푸시가 아닌 기분 좋은 푸시"

"29CM의 기획력은 같은 기능을 거부감 없이 사용할 수 있도록 하네.."

—

루시에 대한 소비자 반응.

브랜드 경험이란 무엇일까

언제부터 '브랜드 경험(Brand Experience, BX)'이라는 단어가
자주 보이기 시작했다. 브랜드나 브랜딩이 아닌, 브랜드 경
험이란 도대체 뭘까? 문자 그대로의 의미를 살펴보면 브랜드
경험은 브랜딩의 일부다. 브랜드를 경험시키는 일은 브랜딩
의 중요한 요소에 해당하기 때문이다. 하지만 보통 브랜드 경
험이라는 말은 주로 디자인 업계에서 많이 쓰인다. 브랜드 아
이덴티티의 시각적 통일성과 관련해 브랜드 경험, 혹은 브랜
드 경험 디자인이라는 표현을 많이들 사용하는데, 나는 이것
이 '경험'이라는 단어를 포괄하는 정확한 표현이라고 생각하
지 않는다. 단지 시각적 통일성만을 해당 브랜드의 '경험'으
로 한정 짓기에는 부족하기 때문이다. 오히려 브랜드를 온전
히 경험할 수 있는 공간은 오프라인 매장이었다. 그곳에서 해
당 브랜드를 직접 보고 만지고 듣고 느낄 수 있으니까.
앞서 예로 들었던 젠틀몬스터의 플래그십 스토어가 바로 브
랜드를 경험하기 완벽한 장소다. 각 매장은 완전히 다른 테마
로 꾸며져 있기 때문에 시각적 통일성은 오히려 찾기 어렵다.

그렇지만 각 공간 안에서 느낄 수 있는 어떤 감정이나 경험은 하나의 공통된 맥락을 갖고 있다. 젠틀몬스터가 표현하는 동물적 감각에 가까운 예술 감각과 표현력 덕분이다. 그리고 그것이 젠틀몬스터라는 브랜드 이미지를 그대로 대변한다.

—
젠틀몬스터
홍대 플래그십 스토어 전경.
(출처: 젠틀몬스터 홈페이지)

그렇다면 브랜드 경험이란 무엇일까? 브랜드가 전달하고자 하는 자신만의 고유한 톤 앤 매너나 지향점을 고객들에게 어떤 '매개체(medium)'를 통해 오감으로 전달하는 것이라는 생각이 든다. 결국 브랜드 아이덴티티가 명확한 브랜드만이 가능한 부분인 것이다. 그리고 이를 가장 잘 보여줄 수 있는 공간이 바로 오프라인 매장이지 않나 싶다. 보고 듣고 만지고 냄새 맡고 느낄 수 있으니 말이다. 같은 의미에서 애플 또한 그 브랜드의 이미지와 브랜드 경험을 일치시켜 보여주는 훌륭한 예라 할 수 있겠다. 브랜드가 전달하고자 하는 감성과 지향점을 '제품'이라는 매개체를 통해 오감으로 전달하고 있기 때문이다. 내가 생각하는 브랜드 경험이란 바로 이런 것이다.

의외의
모습으로
인상을
남기기

평소 알고 지내던 사람에게서 의외의 모습을 발견하면 오히려 그것이 오래 기억에 남곤 한다. 무뚝뚝해 보이던 사람이 남몰래 꾸준히 기부하고 있는 것을 알게 된 다음부터는 그가 달라 보이는 것처럼, 아예 그 사람에 대한 이미지가 바뀌기도 한다. 이런 의외성의 효과는 브랜드에도 적용된다.

나는 배달의민족에서 그런 모습을 발견했다. 배달의민족은 장난스럽고 키치한 B급 코드를 지향하며 그런 브랜드의 성격을 다양한 곳으로 확장시켜 여러 이슈를 일으켰다. 언어유희로 가득한 광고 카피부터 배민 신춘문예 그리고 치믈리에에 이르기까지, 브랜드의 감성을 다양한 프로젝트에 적절히 녹여 팬을 확보하는 데 성공했다. 그런 배민에서 《매거진 F》시리즈를 창간한 것은 정말 의외였다. 그 책은 배민의 키치함 대신 음식 재료에 대해 진지하게 접근하는 콘텐츠들로 가득

했기 때문이다.

이는 배민이라는 브랜드가 늘 장난스러운 것 같지만 한편으론 진지하고 깊이 있는 모습을 가지고 있음을 보여준 사례로써, 배민에 대한 나의 인식이 조금 바뀌는 계기가 되었다. 그들의 진지함이 낯설기보다는 오히려 멋져 보였다. 극명한 톤 앤 무드의 대비가 오히려 이 브랜드가 가진 이미지의 스펙트럼을 넓히는 계기가 되었다고 할까? 하지만 음식이라는 주제를 두고 브랜드가 소통하는 방식은 일관적이다. 단, 그것을 표현하는 방식에서 의외성을 주어 영역을 확장하고 팬층을 더 단단하고 두텁게 만들었을 뿐이다.

—

배달의민족은 '매거진 B'와 협업하여
매 호 식재료를 선정해 그에 관해 소개하는
푸드 다큐멘터리 매거진,《매거진 F》를 펴내고 있다.

앞서 소개한 아이웨어 브랜드 젠틀몬스터 또한 얼마 전 의외의 행보를 보였다. 서울 도산공원 근처에 '젠틀몬스터 하우스 도산'이라는 이름으로 플래그십 스토어를 열면서 지하 매장에 '누데이크'라는 디저트숍을 함께 낸 것이다. 젠틀몬스터에서 다른 패션 아이템도 아니고 디저트 브랜드를 론칭했다니 정말 의외였다. 역시 젠틀몬스터답게 매장은 디저트숍이라기보다는 갤러리에 가까운 모습이었고, 판매하는 디저트 또한 지금까지 접할 수 없었던 흡사 예술작품에 가까운 형태였다. 누데이크는 내게 뚜렷한 인상을 남기며 젠틀몬스터가 갖고 있던 고급스러우면서도 실험적인 것에 가까운 예술적 이미지를 배가시켰다. 어떤 사업을 하든지 간에 그 안에 녹아있는 그들의 예술적 감각이 부러울 뿐이다.

29CM에서도 커머스 기업으로서는 의외의 시도를 한 적이 있었다. 2018년 가을, 29CM는 '구례 베이커리'라는 영화 한 편을 제작하고 온라인으로 상영했다. 물론 오프라인상에서도 시사회도 열고 감독과의 토크 행사도 진행했다. '2937 필름 프로젝트'라는 이름으로 진행된 이 기획은 29CM가 제작비를 지원하고 '37th degree'라는 영상제작사가 제작에 참여한 단편 영화 프로젝트였다. 여러 감독들을 대상으로 시나리오 공모를 받았고, 그중 가장 좋은 시나리오를 선택해 단편

—

젠틀몬스터의 또 다른 예술성을 보여준 디저트숍,
누데이크.

영화로 제작해 상영한 것이다.

온라인 쇼핑몰에서 영화 제작을 하다니, 이 역시 의외의 모습을 보여주기 위한 브랜딩 활동 중 하나였다. 영화는 29CM에서 판매하는 다양한 브랜드들을 가장 자연스럽게 보여줄 수 있는 방식이자, 29CM의 강점인 스토리텔링을 함께 어필할 수 있는 좋은 도구였다. 브랜드의 미션인 'Guide to Better Choice'를 잘 전달할 수 있는 또 다른 방식이기도 했다. 그 의외성 덕분에 주목받으며 시사회에도 많은 사람들이 참여했다. 그리고 커머스 기업으로서는 최초로 서울국제음식영화제에 공식 초청을 받기도 했다. 《매거진 F》의 사례와 같이 29CM의 이런 시도도 팬층을 더욱 단단하게 만든 하나의 계기가 되었으리라 생각한다.

구례 베이커리

2937 FILM PROJECT

—

커머스 기업으로서는 의외의 시도로,
단편 영화 '구례 베이커리'를 제작했다.

공식 홈페이지 QR코드

마지막 경험이 중요한 이유

얼마 전 온라인으로 한 유명 커피 로스터리의 원두를 구매했다. 그 로스터리 브랜드의 매장을 방문한 적이 있었는데, 날것의 느낌이 나는 인테리어와 그 공간이 주는 기운, 두 줄로 길게 세워진 핸드드립 커피 도구들, 그리고 커피 한 잔이 안겨준 경험이 매우 특별했기 때문이다. 며칠 뒤, 주문한 원두가 도착했다. 포장지 한쪽에 문장이 크게 쓰여 있는 등 원두의 패키지에서 느껴지는 인상 또한 평소에 습관적으로 구매했던 스타벅스 원두와는 달리 강렬했다. 브랜드에 대한 로열티가 패키지를 통해서 쭉 올라가는 느낌이었다. 그런데 포장을 뜯는 과정에서 브랜딩에 대한 감탄의 감정이 많이 사그라들었다. 포장이 손쉽게 뜯기지 않아서 이렇게 뜯어보고 저렇게 뜯어보고 하다가 결국 어쩔 수 없이 가위를 사용했다. 애초에 가위로 개봉하라는 표시라도 있었으면 애쓰진 않았을 텐데 말이다.

피크엔드 법칙(The Peak End Rule)이란 용어가 있다. 조합된 단어의 의미를 봐도 알 수 있듯이 특정 대상의 경험을 평가할 때 그 대상에 관한 누적된 경험의 총합보다는, 그것에 관한 기억(혹은 경험)이 가장 절정에 이르렀을 때와 가장 마지막 경험의 평균값으로 결정된다는 이론이다. 쉽게 얘기하자면 우리가 어떤 사람을 평가할 때 그를 처음 만났을 때부터 지금까지 그와 관련해 누적된 기억이 그 사람의 이미지를 만드는 것이 아니라, 그 사람이 나에게 (긍정적이건 부정적이건) 가장 인상적이었던 순간의 경험(혹은 기억)과 그 사람과의 마지막 경험이 가장 큰 영향을 미친다는 것이다. 이것은 우리가 사용하는 제품이나 브랜드에도 동일하게 적용될 수 있다.

다시 원두 이야기로 돌아가 보자. 아마도 이 브랜드는 패키지의 메시지와 디자인에 굉장히 공을 들였을 것이다. 이 역시도 중요한 브랜딩 요소이다. 하지만 문제는 나의 경우처럼 고객의 경험이 그것에서 끝나지 않는다는 점이다. 내가 이전까지 이 브랜드에 느꼈던 감정(Peak)이 100점이라고 치면, 패키지를 뜯는 마지막 경험(End)에서는 40점 이상을 주지 못할 것 같다. 결국 이 브랜드와 관련해 쌓인 멋진 감정은 마지막 경험에 의해 순식간에 100점에서 70점으로 내려갈 수밖에 없다.

학계에선 피크엔드 법칙에 관한 의견이 분분하다. 하지만 그건 그리 중요하지 않다. 기억해야 할 것은 마지막 경험이 의외로 굉장히 큰 역할을 한다는 점이다. 보통 우리는 시작할 때와는 달리 마지막에 가서는 점점 신경을 덜 쓰며 일을 진행하는 경향이 있지만, 마지막 경험이 이전에 잘 만들어놓았던 이미지에 (좋은 쪽으로든 나쁜 쪽으로든) 생각보다 큰 영향을 미칠 수 있다. 애플이 제품의 디자인뿐 아니라 제품을 포장 박스에서 꺼내는 과정까지 신경 쓰며 섬세한 끝단을 경험할 수 있도록 심혈을 기울이는 이유가 아마도 이 때문일 것이다. 내가 몸담고 있는 브랜드는 고객의 마지막 경험에 얼마나 신경 쓰고 있는지 곰곰이 생각해볼 필요가 있다.

고객과의
관계
형성하기

고객과의 소통 또한 브랜딩 과정에서 중요한 요소로 작용한다. 해당 브랜드가 나와 직접적으로 연결되어 있다는 유대감을 갖게 할 수 있기 때문이다. 소통이 활발해지면 브랜드 제품을 사용하는 고객들 사이에 커뮤니티가 형성되기도 하는데, 그럴 때는 해당 브랜드에 대한 유대감과 소속감이 더욱 강해져 그 브랜드와의 관계 또한 단단해진다. 그리고 바로 그 고객들이 브랜드의 앰버서더 역할을 한다. 주변에 자발적으로 그 브랜드에 관해 알리고, 또 사람들에게 그것을 경험하도록 권유한다. 즉, 자연스럽게 팬덤이 형성되는 것이다.

스타일쉐어가 바로 그 좋은 사례다. 스타일쉐어는 앞서 얘기한 것처럼 유저 커뮤니티가 브랜드의 특징이자 강점이었다. 많은 유저가 자신의 스타일을 스타일쉐어에 올리고, 또 많은 유저들이 그 포스트에 댓글을 달면서 그들 간에 원활한 소통이 이루어졌다. 자연스레 그들을 칭하는 '스쉐러'라는 명칭이 생겨났고, 스타일쉐어 역시 적극적으로 그 명칭을 사용하며 고객들과 소통을 이어나갔다. 스쉐러의 목소리를 들으려했고, 또 그들이 원하는 것을 제공해주려 노력했다. 그 과정에서 스쉐러와 스타일쉐어 간의 관계는 자연스레 공고해졌고 커뮤니티는 더욱 단단해졌다.

2018년까지 스타일쉐어에서 진행했던 '마켓페스트'는 스쉐러들끼리 옷장 속의 안 입는 옷들을 저렴한 가격에 거래하는 모습을 보고 스타일쉐어가 아예 나서서 공식적인 판을 깔아준 경우다. 처음에는 스타일쉐어의 플리마켓으로 시작된 이 행사는 해가 갈수록 스쉐러들의 참여도가 높아져 아예 마켓페스트라는 연례 행사로 자리 잡았다. 스타일쉐어에서는 스쉐러들이 만나고 싶어 하는 인플루언서들도 대거 초청하여 자리를 마련해주었다. 마지막 마켓페스트의 규모는 엄청났는데 동대문 DDP에서 두 개의 관을 차지할 정도로 확장되었고, 사람들은 입장을 위해 길게 줄을 섰다. 마켓페스트는 고객과 브랜드와의 관계 형성이 어떤 식으로 확장될 수 있는지, 그리고 그로 인해 팬덤이 형성될 수도 있음을 잘 보여주는 사례다. 스타일쉐어는 이렇게 고객들과의 소통을 통해 관계를 잘 다져둔 덕분인지, 2017년 커뮤니티에 커머스 서비스 도입

—
스타일쉐어에서 매년 '스쉐러'들을 위해
진행한 거대한 플리마켓, 마켓페스트 현장.

후 단기간 내에 이것을 성공적으로 안착시켰다.

블로그를 이용해 고객과의 소통을 활발히 하는 것도 또 다른 방법이다. 일반적으로 각 기업에서는 블로그를 네이버 검색 결과에 잡히기 위한 검색 최적화라는 마케팅 목적으로 운영하는 경우가 많은데, 29CM는 이것을 다르게 활용해보기로 했다. 고객과의 소통 창구의 역할에 집중하기로 한 것이다. 블로그명을 'Ask 29CM'라는 이름으로 바꾸고 메일 계정을 하나 만들어, 고객들이 29CM에 대해 궁금한 점들을 메일로 보내면 그 질문들에 대한 답변을 블로그에 꾸준히 올렸다. 29CM 직원들은 어떤 제품을 구매하는지에 대한 사소한 것부터 MD나 마케터가 어떤 일을 하는지 채용과 관련된 질문까지 질문 내용도 다양했다. 약 9개월 동안 32개의 질문에 답했는데, 약 10만 명이 블로그를 방문했고 20만 건 이상의 조회수를 기록했다. 광고나 검색 마케팅으로 달성한 숫자가 아닌 순수히 자연 발생한 방문 수라 더욱 뜻깊었다.

"29CM 직원들은 어떤 곳에서 일하나요?" "29CM에는 지각이 없다는데 진짠가요?"(당시 29CM는 유연 근무제를 적용하고 있었는데, 그때만 해도 흔치 않았던 제도라 그 이야기가 와전되어 나온 질문인 듯하다.) "29CM는 모든 사진을 직접 찍나요?" 등 여러 가지 질문들을 해주셨는데, 그중 가장 흥미로웠던 질문은 "29CM 직원들은 어떤 책을 읽는지 궁금해요"였다. 블로그에 질문 하나와 그 답변을 매주 하나씩 공개했는데, 이 과정에서 29CM라는 브랜드의 이모저모를 고객들에게 알릴 수 있는 좋은 기회가 되었고, 그 덕분에 고객들과의 관계도 더욱 친밀해졌다. 29CM의 팬이라면 직원들이 무슨 책을 읽는지까지도 알게 되었으니, 그 팬심은 더욱 깊어졌을 것이다.

성별, 연령이 아닌 라이프스타일로 고객을 분류하다

마케팅 시에 타기팅(targeting)은 주로 인구통계학적 데이터에 근거하여 분류하는 것이 정석이다. 상품을 론칭하거나 광고 카피를 작성하거나 심지어 작은 경품 하나를 준비할 때도 우선 타기팅이 필수다. 마케팅의 대상이 몇 세부터 몇 세인지, 어떤 성별, 그리고 어느 지역에 살며 교육과 소득 수준은 어느 정도인지 등등.

그런데 과연 이러한 분류 방식이 얼마나 효과적이고 적합한 기준이 될 수 있을까? 의류 브랜드 코스(COS) 매장을 떠올려 보자. 인구통계학적 기준대로라면 우선 도시에 거주하는 30대 직장 여성을 타깃으로 삼을 테고, 적정하다고 생각하는 소득 수준의 데이터도 도출할 수 있을 것이다. 그렇다고 실제로 그 매장을 특정 연령대의 사람들만 방문할까? 전혀 그렇지 않다. 젊은 남녀는 물론이고 나와 같은 중년 아저씨들도 기웃기웃 옷을 구경하고, 나보다 더 나이 많은 듯한 여성분 역시 매장에서 딸과 함께 쇼핑을 하기도 한다.

코스는 미니멀한 디자인을 추구한다. 옷에 장식이 없고 심플함이 특징이다. 이런 스타일을 좋아하는 사람들이 코스 매장에 방문하는 것이고, 그러니 자연스럽게 젊은 여성과 그 어머니가 함께 쇼핑을 할 수 있는 것이다. 즉, 코스의 매장을 방문하는 사람들을 대상으로 정확히 타기팅하려면 성별과 연령, 지역과 소득 수준 같은 인구통계학적 구분이 아닌, 취향과 라이프스타일을 기준으로 분류해야 한다.

29CM에서도 고객을 분류할 때 인구통계학적으로 구분하는 것이 일반적이었지만, 위와 같은 이유로 성별, 연령과 같은 접근에서 벗어나 고객을 아홉 가지 취향과 라이프스타일로 분류해보았다. 그 몇 가지 예를 살펴보자.

쇼잉오퍼

자기주장이 강하고 넘치는 자신감으로 늘 주목받길 원하는 그룹. 패션은 자신의 매력을 드러내고 남들과 나를 구분 짓게 해주는 최고의 수단이다. 그래서 최신 패션 트렌드와 신제품, 한정 상품 등에 높은 관심을 보이고 강렬한 컬러와 디자인을 좋아한다. 또한 사교적이고 활동적인 성격을 가지고 있고, 요

즘 뜨는 곳을 방문하는 것을 즐기는 핫플레이스 마니아이기
도 하다.

미니멀리스트

깔끔함을 추구하는 빈틈없는 완벽주의자인 이들은 외모와 스
타일, 그리고 내가 살고 있는 공간도 심플함을 유지하는 것을
늘 중요시한다. 그래서 장식 없이 간결한 디자인을 선호하고
특히 블랙 & 화이트 계열의 색상을 선호한다. 미니멀리스트
는 늘 주변을 정리 정돈하고 깔끔함을 유지하는데 이것은 건
강한 환경보단 시각적 만족 때문이다. 화장실에 놓는 칫솔 꽂
이와 주방의 고무장갑까지도 자신의 미적 취향에 맞춰 꼼꼼
히 고르기도 한다.

슬로우 라이프 시커

이들은 빠르게 변하는 트렌드나 정보를 따라가기보단 느린
삶을 지향하고 건강하게 잘 먹고 잘 쉬는 것을 중요하게 생각
한다. 그래서 패션에 있어서도 디자인보다는 소재와 편안함
에 더 신경 쓰고 친환경 식자재 등을 즐겨 찾아 직접 요리하는

것에도 관심이 많다. 또한 남들에게 방해받지 않는 조용한 곳에서 혼자 차 한 잔 마시면서 책을 읽는 등 편안한 휴식을 좋아한다.

브랜드 열정가

성취 중심의 삶을 지향하는 이들은 새로운 브랜드에 대한 갈증과 호기심이 강하고 자신이 이용하는 브랜드가 자신의 아이덴티티를 표현한다고 생각하는 그룹이다. 패션뿐 아니라 식생활에서도 특별히 신뢰하는 브랜드가 있기도 하고, 다른 이들은 신경 쓰지 않을 것 같은 작은 아이템까지도 브랜드를 하나하나 따져보고 선택하는 경향이 있다. 그래서 자신이 좋아하는 특정 브랜드 제품을 수집하는 열정을 보이기도 한다.

그 밖에 밸류 쇼퍼, 라이프스타일 얼리버드, 컬처 팔로워 등으로 총 아홉 가지 라이프스타일 유형을 분류해보았다.

깔끔함과 완벽함을
추구하는,

미니멀리스트

사람들 속에서
행복을 발견하는,

소셜 옵티미스트

내가 선택한 브랜드가
곧 나,

브랜드 열정가

—

29CM 타기팅 시, 아홉 가지 유형의
라이프스타일 그룹으로 분류해보았다.

특별한 가치와
과정을 중시하는,

밸류 쇼퍼

새로운 아이템에
호기심이 많은,

라이프스타일
얼리버드

신중하게
미래를 대비하는,

로열리스트

유쾌한
문화생활 마니아,

컬처 팔로워

넘치는 자신감으로
주목 받는,

쇼잉 오퍼

여유로운 삶을
즐기는,

슬로우 라이프 시커

29CM의 타기팅을 이렇게 라이프스타일을 기준으로 구분해본 것은 고객들의 취향에 보다 세분화하여 접근하고 싶었기 때문이다. 물론 이렇게 아홉 가지로 구분한 취향에 속하지 않는 사람도 있을 수 있지만, 적어도 두세 가지 취향 정도는 겹치지 않을까 싶었다. 보다 정확하게 회원들의 취향을 파악해보기 위해 심리 테스트 형식으로 간단한 진단 테스트 양식을 만들었는데, 그 반응이 좋아 한 달 동안 약 10만 명 이상이 참여하고 한 매체에서는 '이 달의 마케팅'으로 선정하기도 했다. 그렇다면 이를 어떻게 활용할 수 있을까? 연령이나 성별의 정보에서 벗어나 취향을 기준으로 타기팅을 시도해보면, 좀 더 다양한 방식으로 제품을 소개할 수 있게 된다. 예를 들어 미니멀리스트에게는 화이트 컬러 셔츠에 블랙 팬츠를 매칭시켜 깔끔하고 미니멀함을 강조해 추천할 수 있을 것이고, 쇼잉오퍼에게는 최신 론칭 제품을, 브랜드 열정가에게는 브랜드의 스토리를 중심으로 메시지를 전달하면 효과적일 것이다. 유저들에게 연관 상품을 제안할 때도 기존과는 다른 방식으로 접근할 수 있다. 예를 들어 오가닉 코튼으로 제작된 흰 티셔츠를 클릭한 유저에게 어떤 연관 상품을 제안하는 것이 좋

을까? 취향을 기준으로 분류하게 되면 추천 제품이 꼭 의류일 필요만은 없다. 유저의 스타일이 미니멀리스트에 가깝다면 검정 재킷이나 바지를 연관 상품으로 제안하는 것이 효과적이겠지만, 슬로우 라이프 시커에게는 의류 외에도 친환경 소재의 다른 제품을 제안할 수도 있다.

만약 이제 막 고객의 타기팅을 시작하며 그것을 기준으로 메시지 전달 혹은 상품 추천의 방식을 고민하는 곳이 있다면, 인구통계학적 구분에서 벗어나 이 같은 방식을 한번 적용해보는 것은 어떨까. 나와 당신이 다르듯 사람마다 취향과 라이프스타일이 모두 다른데, 단지 연령대와 성별이 같다고 해서 그들 모두에게 같은 제품을 동일한 메시지로 추천하는 것이 모두와 공감대를 형성할 수 있는 방법인지는 한번 생각해볼 필요가 있지 않을까.

PB에도
브랜드다움을
담을 수 없을까

요즘은 여러 기업에서 자사 제품(PB, Private Brand)을 많이 출시한다. 이때 단기 프로모션의 목적이 아닌 판매가 목적이라면, 특히 브랜드의 이름을 내세우며 판매하는 상품이라면 브랜드다움이 어떤 식으로든 담겨 있어야 한다. 상품 출시가 곧 브랜드의 확장으로 이어지고, 또 그래야만 경쟁이 치열한 시장에서 차별화할 수 있기 때문이다. 그런데 제품에 '브랜드다움'을 담는 일이 쉽지만은 않다. 우선 '브랜드다움'에 대한 정의를 완벽히 내리지 못한 곳이 대부분이다. 단지 디자인 컬러와 톤 앤 매너를 맞추는 것만이 전부가 아니기 때문이다.

내가 스타일쉐어에 합류할 당시 그곳에서도 PB 제품 출시를 준비하고 있었다. 패션 중심의 온라인 커머스 기업에서 PB 제품을 출시하는 이유는 딱 하나다. 입점 브랜드 상품보다 마진율을 높일 수 있기 때문이다. 물론 차별화된 상품이 아니라면 오히려 소비자에게 외면받고 손해가 더 커질 수도 있다. 스타일쉐어는 첫 PB 제품으로 디자인이 큰 부분을 차지하지 않는 베이식 라인 제품들을 준비하고 있었다. 그런데 차별화된 특색을 찾아내기가 어려웠다. 브랜드명도 큰 특색 없는 'abc'라는 이름을 달고 출시될 예정이었고, 베이식 라인이다 보니 디자인으로 특색을 주기도 어려웠다.

그래서 디자인이 아닌 다른 차별점으로 고객들에게 어필해야 했고, 스타일쉐어라는 브랜드의 아이덴티티, 즉 '브랜드다움'을 제품에 최대한 잘 녹여내는 것이 방법이었다. 이것이 '어스(US by StyleShare)'라는 브랜드가 만들어진 계기였다. 스타일쉐어의 브랜드다움을 정의하는 것이 우선이었는데, 앞서 정리한 바 있던 고객에게 전달해야 하는 핵심 경험을 바탕으로 다음처럼 제품을 차별화하고자 했다.

'우리'만의 유대감과 소속감을 느낄 수 있고

우선 스타일쉐어가 지닌 강한 커뮤니티의 성격을 브랜드에 담아보고자 했다. 그래서 PB 제품을 출시하기 전, 반드시 유저들과 사전에 소통하는 것을 원칙으로 삼았다. 스타일쉐어 앱을 통해 유저들에게 설문을 진행했고(보통 1천 명 이상이 꼼꼼히 답을 해주었다.) 그것을 참고하여 아이템을 선정하고 핏과 색상 등의 사항을 결정했다. 일부 유저들과는 직접 만나 품평회를 진행하고, 출시를 앞둔 상품에 대한 상세한 의견을 듣고 이를 반영하고자 했다. 스타일쉐어가 철저히 커뮤니티라는 형태로 성장해온 독특한 특성의 기업임을 강조하기 위해 브랜드의 이름도 '우리'를 뜻하는 단어인 'US'로 정했다. 우리에 의한, 우리를 위한 브랜드의 탄생을 알린 것이다.

'모두'의 개성과 다양성이 존중받는

스타일쉐어에서는 사용자 모두의 개성과 다양성을 존중한다는 핵심 경험을 제품 모델을 선정하는 기준에 반영해보았다. 그래서 전문 패션모델만을 룩북에 등장시키지 않고, 오히려 우리 주변에서 쉽게 마주칠 수 있는 다양한 체형과 외모, 나이, 피부색의 모델을 내세우기로 했다. 가능하면 유저 중에서 모델을 선발하여 어스가 갖고 있는 또 다른 정체성을 알리도록 했다. 그리고 다양한 모델들이 다 함께 모여 웃는 모습을 브랜드의 메인 비주얼 콘셉트로 사용해 '다양성'이라는 스타일쉐어의 브랜드 아이덴티티와 자연스럽게 연결시켰다.

'나'의 스타일에 영감을 주고

그렇다면 다양한 스타일 공유를 통해 스타일링에 도움을 주고받을 수 있는 스타일쉐어의 핵심 경험은 어떻게 PB 브랜드에 적용할 수 있을까. 어스는 베이식 라인 브랜드다. 즉, 어떤 옷들과 매칭하는지에 따라 다양한 스타일링이 가능하다. 그래서 하나의 아이템으로 다양한 스타일링이 가능한 모습을 보여줘 이러한 메시지를 전달하고자 했고, 또한 소비자들에게 스타일링에 대한 영감을 주려고 했다.

스타일쉐어만의 브랜드 아이덴티티를 그대로 제품에 담은 어스(US by StyleShare)라는 브랜드는 이런 명확한 정체성을 띠고 세상에 나오게 되었다. 스타일쉐어 유저들의 다양한 의견을 적극적으로 반영하여 PB 제품을 제작하다 보니, 스쉐러들의 호기심을 유발하는 데 성공했고 이는 제품 구매와 더불어 자발적인 홍보로 이어지게 했다. 스타일쉐어 내에서 구매 제품을 올리며 홍보하다 보니, 유저들의 재방문율에도 긍정적인 영향을 끼쳤고, 자연스럽게 다른 유저들에게도 노출되어 더 많은 제품 구매를 일으키는 선순환 요인으로 작동하기도 했다.

스타일쉐어의 아이덴티티를 충실히 담아내고 유저들의 다양한 의견을 반영해 제품을 만든 덕분인지, 어스 제품의 반품률은 0.9%에 불과했다. 온라인 쇼핑몰의 평균 반품률이 10~20%에 달하고, 홈쇼핑의 경우에는 무려 40% 이상에 달한다는 수치를 비교해보면 정말 놀라운 결과다. 이는 그만큼 고객들이 제품의 가격 대비 품질에 무척 만족하고 있다는 반증이다. 처음 긴팔 쭉티로 시작한 제품의 라인업은 론칭한 지 1년이 넘은 지난 지금 터틀넥, 반팔 티, 청바지, 스웻셔츠와 후디를 거쳐 카디건과 코트까지 확장되어 꾸준히 순항 중이다.

어스는 여러 주제로 다양한 언론의 주목을 받기도 했다. 다양성을 테마로 쓴 기사부터 능동적 고객 참여, 미닝아웃(착한 생각의 표현)과 같은 테마의 기사로도, 그리고 어스의 브랜드 스토리를 담은 내용으로도 소개되었다. PB 제품이 브랜드 인지도를 높여주는 보조 수단으로써의 역할을 톡톡히 한 것이다. 고객들의 뜨거운 반응 덕분에 판매 채널을 스타일쉐어 내에서 29CM로까지 확장하기도 했다. 결국 어스는 단지 스타일쉐어에서 만든 브랜드로 출시될 수도 있는 상황에서 더 나아가 스타일쉐어의 브랜드 아이덴티티를 담고 차별화하는 데 성공했기에, 가장 '스타일쉐어다운' 브랜드가 되었다. 이런 어스의 사례가 PB 제품을 준비하는 다양한 브랜드에서 참고할 수 있는 좋은 예가 되길 바란다.

—
스타일쉐어의 브랜드다움을 잘 녹여내었던
PB 상품 브랜드 어스.

브랜드 캠페인으로
메시지
전달하기

많은 기업에서 '브랜드 캠페인'이라는 명목으로 다양한 프로그램을 진행하는데, 가끔 '캠페인'이라는 단어를 지나치게 남발하고 있는 것은 아닌가 싶을 때가 있다. 우선 브랜드 캠페인이 왜 필요할까에 대해서 먼저 생각해보자. 브랜드를 사람이라는 하나의 인격체에 대입해보면, 사람이 그러한 것처럼 브랜드도 외적인 이미지뿐만 아니라 생각이나 정신과 같은 부분이 함께 존재한다. 그것이 곧 브랜드의 정신이자 철학이라고 할 수 있는데, 이것은 브랜드의 팬을 만들고 그들이 브랜드를 따르고 지지하게 하는 중요한 요인으로 작용한다. 이때 브랜드의 철학을 대중에게 직·간접적으로 전할 수 있는 방법 중 하나가 바로 브랜드 캠페인이다. (선거운동 시 사용되는 '캠페인'이라는 용어와 같은 의미이다.) 브랜드가 명확한 자신만의 생각이나 철학이 있다면 그리고 그것이 단지 나만의 생각에 머물지 않고 적어도 우리 브랜드를 사용하는 모두가 알아줬으면 한다면, 브랜드 캠페인을 통해 나만의 생각과 목소리를 대중에게 발설하는 것이 우리 브랜드를 남들과 차별화된 무언가를 갖게 하는 하나의 좋은 브랜딩 활동이 될 수 있는 것이다. 캠페인에서 시작해 이제는 브랜드의 공식 슬로건처럼 되어버린 나이키의 "JUST DO IT"이 가장 대표적인 예일 것이다.

스타일쉐어에서 일하는 동안 브랜드 캠페인을 몇 회에 걸쳐 진행한 적이 있다. 단순히 캠페인 메시지를 광고 등을 통해 단방향으로 전하기보다는 고객들이 직접 참여할 수 있게 하는 방식으로 진행해보고자 했는데, 고객에게 전달하려는 브랜드의 메시지를 정리해보는 것이 우선이었다. 이미 스타일쉐어라는 브랜드가 고객에게 전달해야 하는 핵심 경험을 명확히 정의하였기 때문에(p.46 참고) 우리가 전달해야 할 메시지는 명확했다. 그것은 바로 스타일쉐어의 핵심 경험 중 세 번째인 '모두의 개성과 다양성의 존중'이다. 즉 스타일쉐어는 성별, 나이, 외모, 체형에 관계없이 모든 스쉐러들 각자가 가진 개성 자체를 있는 그대로 존중한다는 메시지가 그것이다. 이는 자연스럽게 멋진 스타일의 기준으로 확장된다. 멋진 스타일이란 멋진 외모와 날씬한 체형에서 나오는 것이 아닌, 나 스스로를 인정하고 당당히 나만의 스타일을 보여주는 자신감에서 나온다. 바로 그것을 "진짜 멋진 스타일"이라고 캠페인을 통해 전하는 것이다. 그리고 그것에는 스타일쉐어는 남들과 비교되는 당신의 모습이 아닌, 바로 당신의 모습 자체를 응원하고 지지할 것이라는 메시지도 포함된다.

이것이 스타일쉐어라는 브랜드가 가지고 있는 생각과 정신이자 유저들에게 알리고 싶은 메시지였고, 이로 인해 탄생한 스타일쉐어의 첫 브랜드 캠페인이 바로 "#너다움을응원해"라는 이름의 참여형 캠페인이었다. 참여 방식은 간단한데 나만의 스타일을 찍어 스타일쉐어 앱을 통해 공유하면, 내부에서 다각도로 심사를 하여 20명의 유저를 선발, 상금과 함께 멋진 화보를 찍어주는 내용이었다. 광고와 같은 단방향적인 메시지 전달에 그치지 않고 유저의 참여를 유도하여 쌍방향으로 공감대를 형성하고자 했다.

참여 대상은 대한민국의 모든 성인남녀로 하되 선정 기준은 단지 외모가 멋지거나 스타일이 좋다고 선정하는 것이 아닌 다양성, 자신감, 독창성 등의 포인트를 우선으로 했다. 즉, 외모와 관계없이 얼마나 개성 넘치고 자신감 있는 모습을 보이는지를 중요한 선정 기준으로 삼았고, 캠페인에 당선된 사람들은 다음 캠페인의 모델이 될 수 있는 기회를 제공하여 그들을 통해서도 캠페인의 메시지를 전달할 수 있도록 했다. 이렇게 모인 다양한 스타일들은 또 다른 누군가의 스타일에 영감을 줄 것이라 생각했다.

—
스타일쉐어는 다양성, 자신감, 독창성 있는
스타일을 꾀하는 브랜드 정신을 담은 캠페인,
"#너다움을응원해"를 진행했다.

"#너다움을응원해" 캠페인은 1년 동안 총 3회에 걸쳐 진행되었는데, 회를 거듭할수록 참여와 반응이 커졌고 모두 합쳐 1만 건 이상의 스타일을 모을 수 있었다. 일반적인 이벤트 참여율과 비교해보면 그리 큰 숫자처럼 보이지 않을 수 있지만, 이 캠페인에 참여하기 위한 여러 수고를 떠올려보면 이것이 얼마나 의미 있는 숫자인지 실감할 수 있다. 일단 앱을 설치해야 하고 자신만의 스타일을 찾아 입어야 하고, 또 밖으로 나가 자신만의 스타일을 사진에 담아야 하며, 가장 마음에 드는 최종 이미지를 얻기까지 여러 차례 사진을 찍어야 하고, (필요시에는 보정 과정도 거칠 것이다.) 사진을 앱에 등록할 때도 해시태그와 함께 스타일에 관한 짧은 코멘트를 달아야 했으니까 말이다. 이 캠페인을 통해 기존의 주요 고객층(10대에서 20대 초반 여성)에서 벗어나 다양한 성별과 연령층의 참여를 이끌었다는 것도 고무적인 부분이었다. 다양한 직업, 개성은 물론 다양한 신체조건의 사람들이 이 캠페인에 함께했고 참여자 중에는 외국인들도 있었다. 다양한 연령대의 여러 가지 스타일링 시도로 스타일의 스펙트럼도 넓어졌고, 회가 거듭될수록 대한민국 힙스터들이란 힙스터는 다 모인 느낌이었다.

브랜드 캠페인의 목적은 결국 브랜드의 정신을 전하는 것이라고 할 때, 참여율이나 여러 가지 성취도 중요했지만 무엇보다 "#너다움을응원해" 캠페인을 통해 브랜드가 전하고자 하는 메시지를 성공적으로 전달했는지가 중요했다. 그래서 캠페인에 참여한 사람들과 간단한 인터뷰를 진행했는데, 캠페인에 참여하게 된 계기나 의미, 참여 후의 감상을 전하는 다음과 같은 인터뷰 내용에서 캠페인의 결과가 성공적이었음을 충분히 확인할 수 있었다.

"'#너다움을 응원해'라는 타이틀이 너무 마음에 들었어요. 제가 어떻게 입든 저 자체를 그대로 인정받을 수 있는 캠페인이라고 생각했어요. 쉽게 지나칠 수 없더라고요."

"세상에 플러스 사이즈를 알릴 수 있는 '기회'라고 생각했습니다. 아직은 사회에서 약간의 소외를 받고 있는 사이즈이지만, 그럼에도 불구하고 자유로운 스타일링이 가능한 걸 보여주고 싶었습니다. 배가 좀 나와도, 다리가 좀 두꺼워도, 엉덩이가 좀 크더라도 그 나름대로의 내 모습을 보여줄 수 있는 기회였습니다."

"주위 사람들에게 많이 알려지는 덕분에 많은 칭찬을 받았습니다. 처음에는 너무 부끄러웠는데 칭찬을 들으면 들을수록 자신감도 생기고 더 많은 일에 도전해보고 싶다는 생각도 들었습니다. 최근 고된 일들이 많아 힘들었는데 캠페인을 통해 '나도 열정을 갖고 살면 뭐든지 할 수 있구나'라고 느끼게 되었습니다."

"#너다움을응원해" 캠페인은 유저들의 호응뿐만 아니라 여러 언론사들로부터 큰 관심을 받기도 했다. IT 매거진 〈디지털 인사이트〉에서는 '이 달의 베스트 캠페인'으로 선정되었으며, MZ세대의 최신 트렌드를 알려주는 웹진 〈캐릿(Careet)〉에서도 MZ세대가 칭찬하는 화보로 소개하며 다음처럼 언급하기도 했다. "MZ세대는 화보의 비주얼뿐 아니라 그에 담긴 메시지 또한 중요하게 생각합니다. 누구처럼 될 수 있다 등의 메시지는 더 이상 통하지 않죠. 대신 나다움을 강조한 메시지는 칭찬받습니다."

여러 결과에서도 알 수 있듯이 "#너다움을응원해"라는 브랜드 캠페인은 스타일쉐어가 가진 철학과 목소리를 소비자들에게 성공적으로 전달한 캠페인이었고, 브랜드의 수많은 팬들을 확보할 수 있는 계기를 만들어주었다.

브랜드만의 위트와 센스

오래전에 웹서핑을 하다가 눈길을 끄는 이미지를 하나 보았
다. 옷에 달린 의류의 세탁 방식을 설명하는 태그를 찍은 이
미지였는데, 세탁 온도, 다림질 등 세탁 방식에 대한 기호들
바로 아래 다음과 같은 문구가 적혀 있었다. "Or give it to
your mother. She knows how to do it." 즉 번역하자면 "세
탁 방식 기호를 이해하지 못한다면 그냥 네 엄마에게 이것을
보여줘. 그녀는 당연히 알 거야" 정도가 될 것이다. 난 여기서
무릎을 탁 쳤다. 이런 재치 있는 표현이라니 갑자기 브랜드가
감각적으로 보였다. 이렇듯 적시적소에 보이는 브랜드만의
위트와 센스는 사람의 감정을 움직일 수 있고 해당 브랜드에
관한 호감도 또한 높이게 마련이다.

타다(TADA)를 이용했을 때도 비슷한 경험을 했다. 처음으로
타다를 이용해 집 근처에 도착한 순간 타다 앱을 통해서 푸시
알림이 하나 도착했다. "목적지에 거의 다 도착했어요. 소지
품 챙기는 것을 잊지 마세요"라는 내용의 메시지였는데, 이것
이 타다라는 브랜드만의 위트와 센스로 다가왔다.

세탁 방식에 대한 안내, 도착을 알리는 푸시 알림 등 매뉴얼에 따라 습관적으로 작성할 수 있는 문구에 조금만 새로운 감각을 더해도 이렇듯 사람들에게 그 브랜드가 갑자기 남달라 보일 수 있다. 별거 아닌 메시지지만 이것을 어떻게 활용하고 어떤 식으로 고객에게 전달하느냐에 따라 그것이 브랜드의 호감을 만드는 요인으로 작용할 수 있는 것이다. 뻔한 것을 뻔하지 않게 만드는 것. 그 안에 위트와 센스를 담고 그것으로 사람들의 기억 속에 브랜드를 남게 하는 일. 이것 역시 좋은 브랜딩의 방법이다.

—
위트로 눈길을 단번에 사로잡았던 세탁 안내 문구.

[곧 도착] 잠시 후 목적지에 도착합니다. 내리실 때 소지품을 잘 챙겨주세요

타다 지금

—
센스가 돋보였던 타다 앱의 푸시 알림.

성공적인
브랜딩
결과물은
널리 알리자

나는 기회가 닿는 대로 강연 요청에 적극적으로 응하는 편이다. 이유는 단 하나다. 강연을 통해 내가 담당하는 브랜드를 더 잘 알리기 위해서다. 강연은 곧 우리 브랜드를 몰랐던 사람들에게는 우리를 알리는 기회이고, 우리 브랜드를 알고 있었던 사람들에게는 더 잘 알릴 수 있는 기회니까 말이다. 브랜딩 과정에서 진행한 여러 프로젝트에 관해 이야기하다 보면 자연스레 사람들이 브랜드에 관해 더욱 관심을 갖게 되고, 강연 내용이 만족스러웠다면 그 브랜드는 마음속에 더 깊이 남을 것이다. 강연의 내용이 좋으면 또 다른 강연 요청으로 이어지는 것도 당연한 수순이다. 이것이 내가 브랜딩 디렉터로서 강연에 서는 이유이다.

브랜딩을 하는 사람이라면 일을 잘하는 것에서 그칠 것이 아니라, 그 잘한 결과를 잘 알리려는 노력 또한 필요하다. 겸손

이 답이 아니다. 조금 더 뻔뻔해지고 당당해질 필요가 있다. 어떤 취지로 프로젝트를 시작해 어떤 과정을 거쳐 어떻게 브랜딩에 성공하였는지를 매번 잘 정리해두자. 이때 진행한 프로젝트에 브랜드 아이덴티티가 잘 반영되었는지, 브랜드의 색깔이 잘 표현되었는지, 의도한 대로 고객들이 우리를 바라보는 계기가 되었는지 등을 면밀히 살펴봐야 한다. 그리고 여기서 그칠 것이 아니라 그것을 알리는 것도 중요하다.

우선 가장 쉬운 방법은 글이다. 회사 내 홍보팀이 있다면 관련해서 기사를 발행해도 좋을 것이고 그게 아니라면 블로그나 브런치 같은 플랫폼에 기록을 남길 수도 있다. 회사의 공식 계정이 없다면 개인 계정에라도 올려보자. 그것이 또 브랜드의 홍보로 이어진다. 우선 업계 사람들이 먼저 그 글에 반응할 것이고, 내가 알리고자 했던 것이 그들에게도 의미가 있거나 도움이 되었다면 글은 점차 외부로 퍼져나가게 마련이다. 브랜드가 점점 다듬어지고 만들어지는 과정과 그 결과를 이런 식으로 글로 기록해서 외부에 알려보자.

사실 글 말고도 프로젝트 과정을 알릴 수 있는 다양한 방식이 존재한다. 유튜브를 이용할 수도 있고 요즘은 클럽하우스 같은 오디오 기반 소셜 채널을 통해 브랜드에 대한 이야기를 사람들에게 알리는 사례도 많아졌다. 그중 요즘 가장 눈에 띈 사례는 토스(toss)다. 토스는 '토스 다큐멘터리'라는 것을 만들어서 브랜드의 철학과 방식 그리고 그 결과물들을 직원들을 포함한 다양한 사람들의 목소리를 통해 알리는 시도를 했다. 40분이 넘는 꽤 긴 분량의 다큐멘터리에는 토스가 말하고 싶은 모든 것을 담았다는 생각이 들었다. 다큐멘터리라는 형식을 빌려 진중하게 그리고 진정성 있게 브랜드가 추구하고자 하는 가치를 알리는 신선한 방식이었다. 이렇듯 브랜딩 결과물을 공유하는 과정도 또 하나의 브랜딩으로 확장될 수 있다.

모두를 만족시키는 기획은 없다

예전의 일이다. 그곳에서는 새로운 연령대의 고객층을 타깃으로 전환할 수 있는 전략을 고민하고 있었다. 기존에 설정한 타깃은 성장성에 한계가 있다고 판단해서였다. 그런데 문제는 현재의 타깃과 새롭게 설정하고자 하는 타깃의 취향 차이가 무척 크다는 점이었다. 새로운 고객층에 서비스를 맞춘다면 기존 고객들이 이탈하는 일은 어쩔 수 없는 부분이었다. 그런데 회사에서는 두 고객층 모두를 만족시키는 전략을 원했다. 기존 고객의 이탈도 막고 새로운 고객도 흡수하고 싶었던 것이다. 새로운 목표를 위해 과감히 포기할 것은 포기하는 일을 주저했기에, 결국 그 회사는 서비스 포지션이 애매해지면서 성장이 예전보다 둔화될 수밖에 없었다.

브랜딩에서는 타깃을 명확히 하는 것이 무엇보다 중요하다. 맥주 시장에 뛰어든 칭타오를 생각해보자. 칭타오는 광고에서 양꼬치와 자사 맥주를 연결시켰다. 분명 처음에 회사 내부에서는 여러 가지 논의가 오갔을 것이다. 사실 소고기, 돼지고기, 닭고기하고도 잘 어울리는 술인데 사람들이 우리 브랜드를 다른 고기와는 연결 지어 생각하지 않으면 어떡하나. 양꼬치 시장은 다른 육류 시장에 비해 너무 작지 않을까. 하지만 칭타오는 중국 맥주답게 양꼬치에만 집요하게 집중했다. 모두를 만족시키려 하기보단 뾰족한 하나에 집중하고 나머지를 과감히 버린 것이다. 그 결과 양꼬치를 생각하면 칭타오가 자동적으로 떠오르는 프레임을 만들어내는 데 성공했다. 이렇게 칭타오는 포화 상태의 맥주 시장에서 자기 브랜드를 확실히 사람들에게 어필했고, 이제 사람들은 양꼬치를 먹을 때뿐만 아니라 여러 음식을 먹을 때도 이 브랜드의 맥주를 즐기게 되었다.

가장 잘못된 전략은 모두를 만족시키려 하는 전략이다. 이것만큼 두리뭉실하고 차별성 없는 전략도 없다. 모두를 만족시키려다가는 결국 아무도 만족시키지 못한다. 어찌 보면 모두를 만족시키는 그런 전략은 세상에 존재하지 않을지도 모른다. 만들지도 못할 것에 에너지를 낭비하기보단 우리가 획득해야 할 명확한 대상이(그것이 소수라 하더라도) 반응할 수 있는 무언가를 만드는 데 집중하면 좋겠다.

브랜딩의 적은
내부에 있을지
모른다

브랜드가 지키고자 하는 가치와 가려는 방향, 그리고 그것을 표현하는 톤 앤 매너…. 쉽게 말해 브랜드다운 모습을 가장 잘 알고 있어야 하는 사람은 누굴까? 회사의 대표? 브랜딩 디렉터? 마케터와 디자이너? 아니다. 회사의 모든 직원들이 그것을 명확히 알고 있어야 한다. 물론 경험상 이것은 거의 이상에 가깝다. 전 직원이 회사의 브랜드에 애정과 관심을 갖고 일하고 있길 바랄 수는 없기 때문이다. 그리고 조직이 성장하고 직원 수가 늘어날수록 기존의 직원과 신규 채용된 직원 사이의 브랜드 인식에 관한 갭은 더 크게 벌어질 수밖에 없다.

29CM에서의 경험으로 미뤄봤을 때, 조직 내 구성원들에게 지속적으로 브랜드의 지향점과 브랜드다운 모습을 공유하고 그들과의 생각의 갭을 줄여나갈 수 있었던 경우는, 직원 수가 30~40여 명이었을 때까지였던 것 같다. 직원 수가 그 이상

으로 늘어나면 각자 브랜드에 대해서 가지고 있는 생각도 다르고, 브랜드다운 것에 대한 정의나 톤 앤 매너 역시 서로 달라지게 마련이다. 실제로 100명 규모의 조직에 소속된 구성원들에게 우리의 브랜드다운 모습을 형용사나 동사와 같은 키워드로 적어달라고 설문조사를 진행한 적이 있다. 공통된 단어가 나오기도 했지만 서로 생각이 다름을 확실히 알 수 있었다. 그런데 이 차이가 점점 커지다 보면 결국 소비자들에게 전달되는 브랜드의 이미지도 일관성을 갖추기 어려워지고, 고객들은 부정적인 경험을 할 수밖에 없다.

이번 장의 제목이 조금 과장된 면이 있긴 하지만, 안타깝게도 경험상 어느 정도는 맞는 말이다. 브랜드의 이미지를 지켜가기 위해 열심히 애쓰는 직원이 있는가 하면, 브랜드의 이미지를 제대로 인지하지 못한 직원도 있을 수밖에 없다. 여기서 발생하는 생각의 차이가 결국 고객에게 고스란히 전달되면서, 브랜드 이미지에 혼선을 주는 경우를 종종 마주하게 된다. 일관되게 차분한 톤 앤 매너를 유지하고 있던 채널에서 어느 날 요즘 유행하는 B급 코드의 이미지와 카피가 보여진다거나, 앱 푸시 메시지로 자극적인 유행어가 남발되는 사례 등에서와 같이 말이다.

어떻게 하면 이런 상황을 최대한 막을 수 있을까? 아니 어떤 방법으로 최대한 많은 직원들에게 브랜드에 관한 일관된 생각을 공유할 수 있을까. 직원 한 사람, 한 사람을 붙잡고 이야기하는 것은 불가능하다. 그렇다면 방법은 한 가지밖에 없다. 그것을 문서화하여 언제든지 찾아볼 수 있게 하는 것이다. 이것이 29CM에서 브랜드북 "Guide to better 29CM"를 만들었던 이유이다.

—
29CM에서는 브랜드북을 제작해
브랜드의 철학을 직원들과 공유하고,
언제든지 찾아볼 수 있도록 했다.

브랜딩은 자기다움을 찾는 데서 시작한다는 말이 있듯이 29CM도 29CM다운 모습이 무언지를 조금 더 명확히 하고 싶었다. 초기에 비해 직원들의 수가 점점 늘어나면서 더욱 필요한 일이었다. 그래서 어떤 단어와 문장, 혹은 방식으로 정의하건 간에 그것을 더욱 또렷이 해야 앞으로 어떤 업무를 진행하더라도 그것이 우리다운 모습인지 아닌지를 판단할 수 있다고 생각했다. 비단 그것이 아주 작은 결정이라 하더라도 말이다. 그리고 그것을 문서로 공식화하지 않는다면 사람들 사이에 미세한 오해가 발생할 수밖에 없을 것이라는 생각에, 이를 최소화하기 위해 반드시 책으로 만들고자 했다.

또한 브랜드북을 통해 브랜딩이 마케팅의 영역만이 아님을 인지시키고 싶은 마음도 컸다. 그들이 만드는 서비스 방식은 물론 앱 자체의 메뉴 버튼 하나, 고객센터에서 고객 응대 시 사용하는 언어의 톤, 회사 내부의 인사 정책까지도, 그것의 기준을 정하는 데 브랜딩이 영향을 끼치고 있음을 보여주고 싶었다. 내부에서 각자 맡은 역할은 모두 달라도 외부에서 고객은 결국 하나의 브랜드로 인식하기 때문이다.

이런 목적 아래, 브랜드북은 크게 네 파트로 구성했다.

우리다운 방식

29CM다움은 어떻게 정의해야 할까? 29CM다움이 우리(브랜드)의 생각과 행동에 가이드라인이 되고 모든 결과물에 반영되

기 위해선 '우리다운 방식'으로 29CM다움을 정의하는 것이 좋은 방향이라 생각했다. 그래서 우리가 지금껏 해왔던 다양한 의미 있는 활동들을 통해 29CM다운 방식을 여섯 가지로 정의하였고, 그것을 통해 29CM가 결과적으로 꾸려가고 싶은 것, 즉 고객에게 전달해야 할 것들을 명확히 하고자 했다.

우리의 초상

그렇다면 사람들은 29CM를 어떤 모습으로 기억하고 있을까? 29CM가 사람이라면 어떤 생김새와 어떤 성격을 가지고 있을지, 즐겨 입는 옷은 무엇이고 주말은 어떻게 보내는지와 어떤 생각을 가지고 사는지까지 디테일하게 정의해보았다. 이는 29CM다운 모습을 더욱 선명하게 만들어줄 수 있을 테니 말이다.

우리만의 목소리(텔링 가이드)

29CM다움을 더 뾰족하게 하기 위해서는 텔링 가이드가 굉장히 중요하다. 다른 커머스 서비스와 비교해 29CM의 가장 큰 차별점은 바로 스토리텔링, 즉 브랜드가 전달하는 카피와 글에 있기 때문이다. 그렇기에 직원들의 글의 전달 방식이나 톤 앤 매너가 일관돼야 소비자가 브랜드를 더욱 명확히, 특별히 기억해줄 수 있다. 그래서 이 부분에서는 29CM다운 텔링은 무엇

이고, 상품의 가치를 전달하기 위해 어떤 것을 우선해야 하는지, 그리고 한편으로 피해야 할 것들은 무엇인지를 제시하고 점검했다.

그들의 취향

29CM를 좋아하는 사람들은 어떤 사람들일까? 그들은 아마도 성별이나 나이가 비슷한 사람들이 아닌 취향이 비슷한 사람일 것이다. 그렇다면 그들은 어떤 취향을 가지고 있을까? 그들이 좋아하는 것은 무엇이고 어떤 취미생활을 하고 어떤 장소를 즐겨 찾을까? 이 파트에서는 소비자 조사와 소셜미디어를 중심으로 29CM를 좋아하는 사람들의 라이프스타일을 들여다보고, 그들만의 공통된 키워드를 도출하여 29CM를 좋아하는 고객들의 취향을 정리하였다.

이 브랜드북은 공식적으로는 회사 외부에 배포되지 않았음에도 불구하고 좋은 반응을 얻었고 외부 간담회에서 좋은 브랜딩 사례로 소개되기도 했다. 이승희 저자는 『기록의 쓸모』라는 책에서 "내부 구성원뿐 아니라 브랜드를 만들어가는 사람들에게도 계속 회자될 책이라 생각한다"고 브랜드북을 언급하기도 했다.

이렇듯 의도치 않게 브랜드북이 좋은 반응을 얻을 수 있던 이유를, 여러 피드백을 통해 세 가지 정도로 정리할 수 있었다. 우선 브랜드의 모습을 굉장히 구체적으로 정의하고 있다는 점이다. 그간 브랜드다움이나 차별점을 몇 마디 문장으로 정의하는 경우는 있었어도, 브랜드를 의인화하여 그 모습을 외모부터 성별, 나이, 스타일, 성격 등으로 구체화해서 브랜드를 정의하고 기록한 경우는 없었다.

브랜드가 그들만의 언어 가이드를 갖고 있다는 점도 또 다른 이유일 것이다. 이는 꼭 브랜딩을 위한 목적이 아니더라도 마케터나 에디터분들에게 좋은 글쓰기의 표본이 될 수 있어 외부의 반응이 더욱 좋았던 것 같다. 또한 고객을 새롭게 정의한 부분도 외부 사람들에게 어필했을 것이다. 아마 29CM의 취향 중심으로 고객을 분류하는 방식이 꽤 신선했을 테니까. 이러한 접근 방식은 고객 취향에 관한 아홉 가지 페르소나로 발전하게 되었다. (p.116 참조)

이렇게 29CM다운 모습과 브랜드의 의인화, 브랜드의 언어 가이드, 그리고 고객에 대한 정의까지 굉장히 디테일하게 기록하여, 모든 조직 구성원들이 브랜드를 이해하고 자기 작업물에서 한목소리를 낼 수 있도록 가이드북을 제작했다. 당시 모든 구성원뿐만 아니라, 신규 입사자들에게도 훌륭한 교육 자료가 된 것은 물론이고 말이다.

인터널 브랜딩에 대한 소회

브랜딩의 방향이 외부가 아닌 기업 내부를 바라볼 때, 그것을 '인터널 브랜딩(Internal Branding)'이라고 부른다. 인터널 브랜딩의 목적은 크게 두 가지로 나눠 생각해볼 수 있다. 직원들에게 브랜드가 지향하는 방향이 무엇인지, 즉 브랜드다움이 무엇인지를 전파해 한 방향을 바라볼 수 있게 하는 일, 그리고 직원들 또한 자신이 속한 브랜드의 팬(흔히 애사심이라고 표현되곤 한다.)으로 만드는 일이다.

첫 번째 목적을 달성하기 위해서는 29CM의 브랜드북처럼 문서화된 가이드와 함께, 미팅 등을 통해 주기적으로 그에 관해 논의하는 자리가 필요하다. 두 번째 목적의 경우, 이것을 이뤄내는 방법은 내 생각엔 하나밖에 없다. 혹자는 회사의 좋은 복지와 처우 혹은 기업문화로 가능하지 않겠냐고 말할지도 모르겠지만, 그것과 직원들 스스로 몸담고 있는 브랜드의 팬이 되는 일은 전혀 다른 문제다. 그보다는 자신이 속한 브랜드에 대한 외부 인지도가 높아지고 그 인기를 체감할 수 있을 때, 자연스럽게 본인도 그 브랜드에 대한 자긍심이 높아지 먼저 팬이 되고 마는 것이다. 주변에서 나를(내가 속한 브랜드를) 인정해줄 때 생기는 감정은 그 영향력이 클 수밖에 없다. 결국 외부 브랜딩 활동과 인터널 브랜딩은 별개의 것이 아니라, 오히려 굉장히 밀접하게 연결되어 있다.

직접
경험한
브랜딩의 효과

브랜딩의 효과를 숫자만으로 판단할 수는 없다. 브랜딩은 장기적인 목표를 세우고 움직이는 일이다. 그래서 임팩트도 중요하지만 그보다 더 중요한 것이 지속성이다. 무엇이든 한 방향으로 꾸준히 무언가를 보여줘야 한다. 그래야만 고객들의 기억 속에 해당 브랜드가 조금씩 각인될 수 있다. 당장의 숫자로는 이것을 판단하기 어렵다. 물론 각각의 브랜드 활동에는 그것만의 목표치를 설정해두어야겠지만, 그것을 달성했다고 하더라도 꼭 성공적인 브랜딩이 보장되지는 않는다.

브랜딩을 잘한다는 것은 단기간의 성과보다는 지속적인 결과들을 만들어내는 것이다. 그 과정에서는 성공 사례도 있고 실패 사례도 있을 수 있다. 그렇지만 하나의 프로젝트에서 실패를 했다고 더 나아가길 멈춘다면, 사람들의 기억 속에서 그 브랜드는 잊혀져갈 수밖에 없다. 크건 작건, 성공이건 실패에 가깝건, 꾸준히 다양한 활동을 이어가는 것이 중요하다.

게다가 사람들의 인지 과정과 인식의 변화는 숫자로 표현되기 어렵다. 그래서 각각의 브랜딩 프로젝트에 어느 정도 수치를 목표로 두는 것은 좋지만, 그것만으로 성공의 여부를 판단할 수는 없다. 오히려 숫자에만 치중해 판단하는 것은 위험하다. 수치 달성에만 매달리게 되면 그 숫자를 채우기 위해 브랜드의 톤 앤 매너는 무시한 채 온갖 수를 쓰느라 오히려 브랜딩에는 해를 끼치는 경우를 종종 목격했다.

프라이탁은 주로 오프라인 매장들을 대상으로 공식 파트너를 맺어왔는데, 국내에서는 최초로 온라인 편집숍인 29CM를 공식 파트너로 선정했다. 왜 프라이탁은 29CM를 파트너로 선택했을까? 자신의 브랜드 레벨과 가장 잘 맞는 곳은 29CM가 유일하다고 생각했기 때문이다. 현대카드 또한 2016년, 자사 고객들을 위한 온라인 쇼핑몰이었던 프리비아 사업을 중단했는데, 그것을 대체할 온라인 쇼핑몰로 29CM를 선택했었다. 계약을 진행할 당시 나도 미팅에 참여했던지라 현대카드 담당자에게 그 이유를 물어보았는데, 현대카드의 브랜드 이미지와 맞는 곳으로 29CM 말고는 찾아볼 수 없기 때문이라는 답을 들었다. 사실 규모 면에서는 29CM보다 더 큰 경쟁력을 갖춘 온라인 쇼핑몰이 여럿 있었겠지만, 최종 의사 결정에 영향을 끼친 것은 결국 브랜드의 이미지였다.

그래서 누군가 브랜딩이 매출에 도움이 되겠냐고 묻는다면, 나는 이제 확실히 도움이 된다고, 그것도 많이 된다고 답할 수 있게 되었다. 우선 브랜딩이 새로운 비즈니스의 기회를 확장시키는 계기가 되었다. 초창기에는 29CM의 브랜드 인지도가 없다 보니 직원들이 직접 여러 브랜드에 입점을 제안하고, 설득하는 경우가 대부분이었는데, 브랜드의 인지도가 올라가고 차별화된 이미지를 갖고 나서는 역으로 국내외의 이름 있는 브랜드들이 먼저 입점 제안을 해오기 시작했던 것이다. 브랜딩으로 인해 생긴 충성 고객의 역할도 무시할 수 없다. 하나의 성공 사례만으로 단기간에 충성 고객을 절대 확보할 수 없다. 지속적으로 우리 브랜드의 차별화된 모습을 다양한 영역에서 노출시켜야 한다. 그 과정에서 충성 고객들의 마음을 사로잡으면, 그들이 또 소셜미디어나 블로그 등을 통해 자발적으로 브랜드를 소개하며 퍼뜨린다.

이렇게 브랜드의 인지도가 높아지고 충성 고객의 수가 늘어날수록, 내부 직원들의 브랜드에 대한 자부심 또한 강해지게 마련이다. 창립 초기에는 29CM에 다닌다고 하면 "거기가 뭐 하는 곳인데? 이름은 어떻게 읽는 게 맞는 거야?" 같은 질문을 들었다. 그러다가 브랜드 인지도가 높아진 이후에는 "아, 거기 다니는구나. 나 거기 완전 좋아하는데"라고 주변의 반응이 달라지니 당연히 브랜드에 대한 소속감이나 프라이드가 강력해질 수밖에 없었다. 이것이 직원들로 하여금 자신이 하는 일에 자부심을 갖게 만들고, 자연스레 더 좋은 결과물로 이어지게 한다.

직원들이 소속감과 자부심을 느끼는 회사라면, 그곳에 입사를 꿈꾸는 사람들이 늘어나는 건 당연하다. 브랜딩이 곧 훌륭한 인력의 확보로 이어지는 것이다. 29CM라는 브랜드의 인지도와 충성 고객의 수가 늘어날수록 그것이 채용에도 큰 영향을 끼치고 있음을 몸소 경험했다. 채용 공고를 내면 초창기와 달리 좋은 인재들이 많이 지원해왔고, 채용 기간이 아닌 때에도 브랜딩 팀에서 일하고 싶은데 따로 채용 계획이 있는지 묻는 경우도 여러 번 있었다.

마치 하나의 순환 구조처럼 성공적인 브랜딩으로 인해 조직이 강해지고, 이것이 좋은 인력의 확보로 이어지며 결국 이것이 좋은 성과로 이어질 수 있고, 그 성과로 인해 기업과 조직은 더욱 성장한다. 결국 브랜드 가치가 곧 기업 가치인 셈이다.

멋진 브랜드는
죽어서도
고객의 마음속에
남는다

브랜딩에 성공하는 브랜드가 있는가 하면, 하루에도 수많은 브랜드가 쇠퇴기를 겪다가 사라지곤 한다. 페이스북과 인스타그램에 대항해 관심사 기반 소셜미디어를 외치며 등장했던 네이버 폴라, 그리고 스트리밍 기반 음악 서비스로 한때 잘나갔던 비트 등이 이런 사례다. 서비스가 종료되고 나면 브랜드도 사라지는 것이 당연하지만, 비록 브랜드가 사라졌다 하더라도 고객들의 마음에 오래도록 남아 있을 수는 없을까. 그것이야말로 브랜드의 훌륭한 '유종의 미'라고 말할 수 있을지도 모른다.

내게는 프랑스의 유명 편집숍 '콜레트'가 바로 그런 브랜드였다. 1997년 파리에 처음 문을 연 콜레트는 샤넬의 디자인 수장인 칼 라거펠트를 포함해 다양한 셀럽들이 이용하는 개성있는 편집숍으로 무척 유명했다. 이곳은 오프라인 매장뿐 아니라 온라인 숍도 같이 운영했는데, 덕분에 파리의 매장에 가보진 못해도 온라인 페이지에서 많은 영감을 받을 수 있었다. 아디다스, 나이키를 포함해 당대 인기 있던 여러 브랜드와 콜라보한 제품이라든지, 콜레트에서 직접 제작한 음악을 오프라인 매장은 물론, 온라인 몰에서도 자동으로 재생한다든지 하는 모습에서 말이다.

그러던 콜레트가 2017년, 창업자의 은퇴로 인해 갑작스럽게 문을 닫았다. 아쉬운 마음이 컸는데 어느 날 우연히 콜레트의 공식 홈페이지에 들어가 보았다가 깜짝 놀랐다. 여전히 웹사이트가 존재했고, 그곳에는 그동안 콜레트를 만들었던 직원들의 모습과 인터뷰가 남아 있었다. 매장이 폐점하던 마지막 날 촬영한 듯한 직원들의 단체 사진도 걸려 있었다. 역시 콜레트는 콜레트라는 생각이 들었다. 마지막까지 자신의 브랜드 이미지에 신경을 쓴 모습이 무척 멋졌고, 그 과정에서 고객들에게 콜레트를 다시 한 번 기억하는 계기를 만들어준 시도가 정말 신선했다. 콜레트에서 제작했던 다양한 컬렉션의 곡들은 여전히 애플 뮤직을 통해서 들을 수 있다.

그리고 2020년, 콜레트는 또 한 번의 멋진 작업을 이어갔다. 〈콜레트 몽 아무르〉(Colette Mon Amour)라는 1시간 분량의 다큐멘터리 필름을 제작하여 온라인으로 공개한 것이다. 이 다큐멘터리 필름에는 콜레트의 역사부터 디자이너 버질 아블로, 가수 카네이 웨스트, 퍼렐 윌리엄스 등 콜레트를 사랑하는 유명인들에 의한 회고까지 담겨 있다. 콜레트는 이 영상을 파리, 런던, 도쿄, 뉴욕을 순회하며 상영하고 편집숍답게 팝업 매장을 열어 이 테마의 제품들을 제작해 판매하기도 했다. 오프 화이트 등 유명 브랜드와의 콜라보도 이뤄졌다.

"All good things must come to an end"(모든 좋은 일은 끝이 나게 되어 있다.)라고 적힌 다큐멘터리의 포스터 속 문장은 콜레트의 오랜 팬들에게 다시 한 번 콜레트를 추억하게 했다. 멋진 브랜드는 죽어서까지 고객들의 마음속에 남는다. 적어도 나에게 콜레트는 그렇다.

<콜레트 몽 아무르> 포스터.

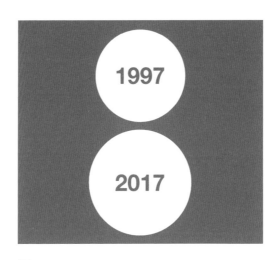

콜레트는 폐점 이후에도
웹사이트를 유지하며 브랜드의 이미지를 지켰다.

폐점 시 촬영한 것으로 보이는
직원 단체 사진도 웹사이트에 게시되어 있었다.

브랜딩은 디자인의 용어가 아니다

한번은 디자인 회사에서 강연을 제안받았다. 내가 디자이너
는 아닌지라 강연에서 어떤 이야기를 하면 좋을지 미리 물어
보았는데, 디자이너의 시각이 아닌 나의 관점에서 브랜딩을
이야기해주면 좋겠다는 부탁을 받았다. 브랜딩과 디자인의
관련성을 두고 살펴봤을 때 나의 관점은 명확했다. 브랜딩은
디자인 용어가 아니라는 점이다.

세상에 디자인을 거치지 않고 소비자에게 보여지는 브랜드는
단 하나도 없다. 그만큼 디자인은 브랜드의 시각적 언어에 해
당하고, 제품과 서비스의 외형을 만드는 중요한 작업이다. 하
지만 사람들의 호감을 얻는 데 외모만이 중요한 것은 아니다.
그 사람의 생각과 행동도 큰 영향을 미친다. 브랜딩도 마찬가
지다. 브랜딩은 브랜드의 시각적 모습을 완성하는 작업뿐 아
니라 그 브랜드가 가진 철학(브랜드 미션)을 명확히 구축하는
과정이자, 그다운 모습과 행동을 만드는 총체적인 과정, 그리
고 그 브랜드를 접하는 사람들에게 자신을 어필해가는 과정
이다.

즉, 디자인은 브랜딩에서 하나의 요소에 해당한다. 브랜드의 이념이나 철학을 시각적으로 구현하고 브랜드의 개성을 시각적으로 표현하는 역할을 하는 도구로써 바라보는 것이 좋다. 시각적인 매력도는 조금 떨어지더라도 사람들이 좋아하는 브랜드가 분명히 존재하기 때문이다.

그래서 그날의 강연에서는 참석한 디자이너분들께 브랜딩을 디자인의 용어로만 생각하지 말길, 다시 말해 디자인이 브랜딩의 전부는 아닌 브랜드가 세상에 보여지는 가장 외적인 모습으로, 브랜딩을 위한 한 요소로 봐달라고 이야기했다. 다시 말해, 남들에게 보여지는 외형만 다듬기보다는 사람들에게 어떻게 생각을 알리고 자기다운 행동으로 어필할지가 더 중요하다.

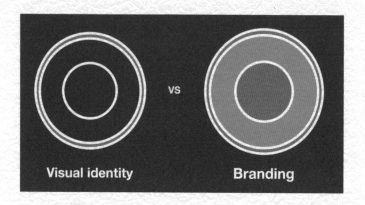

디자인은 브랜딩의 한 요소이다.

브랜딩을
시작하는
사람들에게

유기적으로 연결되어 작동하는 브랜딩

고객들이 어디서 어떻게 반응해올지는 아무도 모른다. 그리고 브랜딩에 있어서 임팩트, 확장성, 의외성, 지속성 등 그중 어느 하나 중요하지 않은 것이 없다. 그렇기 때문에 우선은 가장 먼저 할 수 있는 것부터 시작해보길 권한다. 결과가 예상만큼 나오지 않아도 좋다. 그런 결과들이 쌓이고 쌓이면 고객들을 통해 다시 언급되는 사례들도 많이 보았기 때문이다. 브랜딩은 칼로 무를 자르듯 한번에 깔끔하게 끝나는 일이 아니다. 활동들 하나하나가 다 의미가 있고, 그것들이 유기적으로 연결되어 작동한다. 이것을 경험한 사람이 저것을 보고, 저것을 본 사람이 또 무언가에 참여하는 과정 중에서 브랜드에 대한 인식이 조금씩 바뀌어나가는 것이다. 그러니 가장 먼저 할 수 있는 것부터 시작해보자. 그리고 여러 활동들을 거듭해가며 더욱 과감한 것에 도전해보자. 무엇보다 중요한 것은 그것을 꾸준히 하는 것이다.

작은 것으로 시작해보자

브랜딩을 시작하는 사람에게 가장 큰 부담은 처음부터 크게 인상을 남겨야 한다는 생각에서 비롯한다. 하지만 그러다 보면 무엇부터 해야 할지 막막해지기 일쑤다. 앞서 얘기한 것처럼 모든 브랜딩 활동은 유기적으로 연결되어 있으니 우선 작은 것부터 시작해보자. 일단 작은 성공을 맛본 후 자신감을 얻어 조금씩 큰 스케일로 키워나가는 것 또한 브랜딩을 시작하는 사람들에게 좋은 방법이 될 수 있다. 나 또한 29CM에 합류했을 때 처음 시도한 브랜드 활동이 '29 ANIMALS'로, 크지 않은 예산으로 내부 직원들이면 충분히 소화할 수 있는 프로젝트였다. 그 프로젝트의 효과가 좋았던지라 이후 미니 쿠퍼 이벤트나 천만 원 이벤트, 루시와 같이 더 큰 스케일의 과감한 브랜딩 활동으로 이어갈 수 있었다.

실패에도 익숙해져야 한다

이 책에 예시로 언급했던 프로젝트들은 모두 성공적이었지만, 나 역시도 중간중간 수많은 실패를 겪었다. 열심히 한 기획에서 영 반응을 얻지 못한다거나, 숫자에 매몰되어 담당하던 브랜드 이미지에 걸맞지 않는 방향으로 프로젝트를 진행해버린 적도 있다. 하지만 기업에서 브랜딩을 책임지는 사람이라면 이런 실패에도 익숙해질 필요가 있다. 아니, 익숙해진다는 표현보다는 이런 실패도 성공을 위한 과정의 하나라고 말하고 싶다. 매번 성공 케이스를 만들 수는 없다. 실패를 교훈 삼아 문제점은 개선하고 가능성은 키워서 시도를 이어가면 된다. 브랜딩은 시도가 중요하다. 실패를 두려워하지 말고 다양하게 시도하길 바란다.

무엇을 하든지 꾸준히

무엇보다 브랜딩을 할 때 가장 중요한 태도는 지속성이다. 아마도 첫 시작은 작고 비비할 수 있다. 하지만 꾸준함은 그 힘이 생각보다 강하다. 안타깝게도 처음 한두 번의 결과 때문에 그 프로젝트를 유지할 명분과 설득력이 약해져 그냥 그렇게 끝나는 경우를 자주 목격하곤 한다. 브랜딩은 사람의 마음을 건드리는 작업이다. 그것이 한두 번으로 될 리가 없다. 무엇을 하든 일관된 모습으로 혹은 일관된 메시지로 꾸준히 사람들에게 어필한다면 분명 그 브랜드에 대한 인식이 조금씩 바뀔 것이다. 한두 번의 결과에 연연해 그 기회를 놓치지 말자.

브랜딩은 외로운 작업이다

경험상 브랜딩은 외로운 작업이다. 누군가는 브랜딩을 위한 활동들이 왜 필요한지 납득하지 못할 수도 있고, 또 누군가는 브랜딩을 단지 로고를 바꾸는 일 정도로 여기기도 한다. 브랜딩이 어떤 영향을 끼칠 수 있는지 이해하지 못하고, 또 누군가는 단기간에 수치로 그 결과를 확인하고 싶어 한다. 이런 사람들을 설득하고 그들에게 결과를 보여주는 과정은 그래서 어찌보면 참 외롭고 힘든 일이다. 특히 브랜딩은 논리의 영역이 아닌 감정의 영역에 속하기 때문이다. 그래서 주변에 브랜딩에 대한 니즈가 높고 지지자들이 많은 환경에서 일하면 한결 수월할지도 모른다. 그렇지만 환경만을 탓할 수는 없다. 강한 설득력과 인내심을 갖고서 계속 나아가보자.

브랜딩에 논리나 법칙은 통하지 않는다

브랜딩은 사람의 마음을 건드리는 작업이다. 그들을 우리 브랜드의 팬으로 만드는 과정이다. 사람의 마음을 움직이는 데 논리나 법칙 같은 것이 있을 리 없다. 만약 그런 것이 존재한다면 모두가 연애에 성공하고 모두가 상대방에게서 자신이 원하는 것을 얻었을 것이다. 하지만 그런 일은 세상에서 벌어지지 않는다. 끊임없이 자신을 어필하고 그들과 꾸준히 교류하며, 또 설득하고 진심을 보여주는 것 말고는 사람의 마음을 얻는 방법은 없다. 브랜딩도 마찬가지다.

좋은 브랜딩
기획을 위해
필요한 습관들

경쟁사 사이트는 되도록 보지 않는다

이것은 오래전부터 내가 지켜온 습관이다. 웬만하면 경쟁사가 지금 진행하고 있는 프로젝트들을 보지 않으려고 노력한다. 브랜딩을 하다 보면 자꾸 경쟁사 사이트를 분석하고 또 들여다보며 그들에 비해 우리 브랜드에 부족한 것이 무엇인지 파악하고 채우려고 한다. 하지만 이러한 태도로는 차별화된 브랜딩을 펼쳐나가기 어렵다. 경쟁사 사이트를 들여다보면 무의식적으로라도 그들의 프로젝트에 신경 쓰게 되고 더 나아가 참고하게 된다. 이것이 오히려 창조적인 활동을 방해하는 것이다. 그래서 나는 경쟁사 사이트를 보지 않는다. 차라리 경쟁사가 아닌 전혀 다른 업계의 활동에서 영감을 얻는 경우가 많다.

반드시 서비스와의 연관성을 생각한다

어떤 프로젝트를 진행하든 서비스와의 연결점이 없다면 잠깐의 이슈로 끝나기 쉽다. 그렇기에 프로젝트 하나를 기획한다 하더라도 그것을 통해 브랜드의 서비스를 경험해보게끔 하는 것이 중요하다. 서비스와 연결성이 없다면 그 기획은 반쪽짜리 기획이다. 브랜딩을 통해 우리 브랜드와 서비스를 인지시키려면, 서비스와의 연결성을 반드시 염두에 둬야 한다.

어떤 상황에서든 질문을 던져보기

어떤 상황에서든 '왜'라는 질문을 던져보는 것이 좋다. 남들은 이렇게 하는데 우리도 그래야 할 것 같다는 의견에 무작정 따를 것이 아니라, 왜 우리도 그 방식대로 해야 하는지 먼저 의문을 가져보는 것이다. 질문은 다른 생각을 하게 하는 계기가 되고, 결국 이는 다른 결과로 이어지며, 이것이 반복되면 브랜드의 모습까지 달라지는 계기가 된다. 29CM에서 기획했던 많은 프로젝트들이 다 이러한 질문들에서 비롯된 것이다. 루시의 경우, 왜 앱 푸시 알람으로 매번 광고만 전달해야 하는지, 미니 쿠퍼 이벤트의 경우에도 왜 매번 경품 이벤트는 비슷한 방식으로 진행해야 하는지 질문을 던졌기에, 남들과 다른 새로운 방법을 찾을 수 있었다.

생각의 끈 놓지 않기

쉽게 말하자면 늘 머릿속에 어젠다를 품고 있으라는 것이다. 당장 책상 앞에서 좋은 아이디어가 떠오르지 않더라도, 퇴근길이나 집에서 휴식을 취할 때도 계속 그 생각의 끈을 놓지 말자. 생각에 투자하는 시간이 늘어날수록 남들과는 차별화된 기획이 나올 확률이 높아지게 마련이다. 내 경우, 29CM 앱 푸시 서비스인 '루시'는 샤워를 하던 도중에 튀어나온 아이디어이고, 천만 원 이벤트 역시 퇴근길에 그것을 구체화하는 아이디어가 떠올랐다. 일단 아이디어가 떠오르면 바로바로 메모해 내게 메일로 보내두었다. 그렇게 적고 나면 또 다른 아이디어가 연달아 떠오를 때가 많았고, 그런 과정에서 아이디어가 구체화되어나갔다.

내가 대표라면 어떻게 할지 생각해보기

이상하게 들릴지 모르겠지만 대표에게는 소위 말해 '까방권'(까임 방지권)이 있다고 생각한다. 즉, 떠올린 아이디어가 결국 실패할까봐 걱정하는 대신 일단 한번 해보자고 자유롭게 생각할 수 있다. 실패해도 나를 두둔할 사람이 별로 없다는 생각에서다. 예산에도 덜 민감하다. 이렇게 생각에 자유로울 수 있기 때문에, 실험적인 아이디어도 많이 내볼 수 있다. 그래서 일단 대표의 마음가짐으로 자유롭게, 다양한 브랜딩의 방

식으로 생각해보자는 것이다. 그것을 진행할지 말지는 다시
현실로 돌아와 걱정할 부분이니까.

가상으로 브랜드를 만들어서 마음껏 브랜딩 해보자

앞서 이야기한 부분과 비슷한 맥락이긴 한데, 상상 속에서
브랜드 하나를 떠올려보는 것이다. 꼭 지금 맡고 있는 브랜
드와 동종 업계가 아니어도 좋다. 그 브랜드를 어떻게 브랜
딩 하면 좋을지 가상으로 여러 가지를 기획하다 보면, 자기
훈련이 될 수도 있고 그 과정에서 실제 맡고 있는 브랜드와
의 연결점을 찾게 될지도 모른다. 무엇보다 기획의 재미를
느끼게 될 것이다.

내가 케이스 스터디를 맹신하지 않는 이유

서점에 가서 여러 마케팅, 브랜딩 관련 도서들을 살펴보면, 상당수의 책들이 타 브랜드의 성공 사례를 저자 본인의 주장을 뒷받침하기 위한 케이스 스터디의 예시로 언급하고 있다. 그런데 여기서 유의할 점은 브랜드의 성공에는 여러 복합적인 이유가 작용한다는 것이다. 저자가 주장하는 것 이외에도 다른 여러 가지 성공 요인들이 있을 수 있다. 모든 비즈니스가 그렇듯 단 하나의 요인 때문에 성공하는 브랜드는 극히 드물다. 운 좋게 해당 시장의 수요가 급격히 늘어났을 수도 있고 (코로나19 이후 온라인 커머스 시장과 배달 시장이 크게 성장한 것을 생각해보자.) 주요 경쟁사가 큰 사고(?)를 쳐서 매출이 반등하는 경우도 있다. (남양과 매일유업의 사례가 가장 적절한 예시일 수 있겠다.) 또 책에서 예시로 언급된 특정 브랜드의 성공이 단기간 안에 멈출 수도 있다.

그렇기에 저자가 책에서 언급하는 내용이 해당 브랜드의 성공 요인의 전부라고 판단해서는 안 된다. 예를 들어 현재 테슬라의 성공이 세상에 없던 혁신적인 전기차를 내놓았기 때문일 수도 있지만, 전기차 수요와 관심이 점점 증가하는 가운데 다만 그들이 가장 먼저 상용화된 전기차를 생산했기 때문일지도 모른다. 또는 디자인이나 일론 머스크에 대한 대중의 관심이나 영향력이 테슬라의 성공에 영향을 끼쳤을 수도 있다. 직접 테슬라를 기획했다거나 내부에서 그것의 성공을 직접적으로 경험해보지 않고서는 외부인의 시선에서 그 이유를 정확히 알기는 어렵다.

앞서 나도 프라이탁과 쿠팡맨에 매료되어 그들 브랜드의 자발적 전도사가 된 경험을 애기했지만, 단지 나의 사적인 경험을 기술한 것이지 그것이 프라이탁과 쿠팡의 전적인 성공 요인이라고는 보기 어렵다. 이와 반대로 다른 누군가가 내가 몸담았던 브랜드와 그곳에서 진행했던 여러 가지 프로젝트들을 케이스 스터디 예시로 여러 차례 언급한 적도 있다. 개인적으로는 참 기분 좋고 감사한 마음이었지만, 그 프로젝트를 직접 기획하고 그 과정과 결과를 경험했던 담당자인 내가 보기엔 일부의 접근 방식은 맞고 또 일부는 다름을 실감할 수 있었다.

브랜딩 관련 도서들에 제시된 케이스 스터디는 저자의 주장을 뒷받침하고 이해를 돕는 좋은 예시가 될 수 있다. 그렇지만 케이스 스터디를 너무 맹신하기보다는 해당 브랜드가 시장에서 좋은 반응을 얻게 된 여러 이유 중 하나로 받아들이는 것이 좋겠다. 결국 중요한 건 그들이 어떻게 했는지가 아니라 내가 무엇을 할 것인지일 테니까.

브랜딩 기획 시
피해야할
것들

무작정 유행 따라가기

트렌드에 민감한 것이 좋은 것 아니냐고 반문할지 모르겠지만 트렌드를 인지하고 그것에 민감한 것과 그것을 따라가는 것은 전혀 다른 문제다. 유행을 선도할 생각이 아니라면 따라하지 않는 편이 좋다. 따라할수록 고객은 그것을 선도하는 브랜드를 떠올릴 뿐이다. 요즘 유행하고 있는 레트로 마케팅을 예로 생각해보자. 레트로 마케팅의 선두는 곰표 맥주와 곰표 패딩이 이끌었고, 젊은 세대에게 굉장히 신선하고 재미있는 놀이처럼 다가가며 큰 인기를 끌었다. 문제는 이것이 성공하고 나니 너도 나도 레트로 마케팅에 뛰어들고 있다는 점이다. 두 번째, 세 번째 주자까지는 주목을 받았다. 하지만 이제는 말표 맥주, 골드스타(금성) 맥주 등 맥주 시장은 물론이고 너무 많은 브랜드에서 레트로 마케팅의 트렌드를 좇고 있어, 오히려 지겹게 느껴질 정도다. 이제 내게 이 모든 것들이 곰표를 떠올리게 하는 도구로 작동할 뿐이다. 남들과 차별화되고 세련되게 풀지 못할 바에는 이런 전략은 브랜드의 차별화에 오히려 역효과를 줄 수 있다.

숫자에만 매몰되는 현상

모든 활동은 지표라는 것을 동반한다. 평가를 위해서는 기준이 필요하니 지표가 있는 것은 당연하다. 하지만 문제는 수치라는 지표에만 매몰되는 현상이다. 목표 수치를 달성하기 위해 숫자에만 매몰되다 보면, 브랜드를 어떻게 차별화시킬 것인지에 대한 고민은 자칫 뒤로 미뤄두기 쉽다. 수치보다는 고객의 반응을 보고 브랜드의 방향성을 판단하는 것이 좋다. 숫자 달성을 프로젝트의 목표로 삼는 것은 결국 일관성 없는 브랜딩 활동을 유도할 뿐이며, 브랜딩에 관한 장기적인 접근을 어렵게 한다. 수치 달성을 위해 브랜드의 메시지를 변경하거나 지금까지 유지해온 브랜드만의 톤 앤 매너를 깨는 일은 없어야 한다.

대표님 말씀 잘 듣기

브랜딩은 곧 설득의 일이다. 최종적으로는 고객을, 그리고 프로젝트를 진행하기 위해서는 우선 회사 내부의 의사 결정권자들을 설득해야 한다. 설득의 과정 없이 지시대로만 기획을 끌고 간다면 결국 처음의 목적은 흐려지고 메시지에 일관성을 갖추기도 어렵다. 브랜딩을 위해 지금 진행하는 프로젝트를 누가 가장 오랜 시간 깊이 고민했는지를 잊지 말자. 무조건 상부의 지시를 따를 것이 아니라, 본인이 생각하는 장기적인 브랜드의 모습과 차별화가 가능한 부분들을 윗선에 잘 어필하고 이해시켜보자.

브랜딩 vs 퍼포먼스 마케팅

브랜딩과 퍼포먼스 마케팅 중 무엇을 더 우선시해야 하는지는, 마케터라면 한 번쯤 고민해봤을 문제다. 퍼포먼스 마케팅은 단기간 내 그 효과를 검증할 수 있는 방법이다. 반면 브랜딩은 장기간에 걸쳐서 브랜드에 대한 사람들의 인지와 호감을 만드는 과정이다. 이렇듯 두 가지가 성격이 다르기 때문에 무엇이 더 중요한지 따지는 것은 잘못된 접근 방식이다. 비즈니스의 초기 단계에서는 우선 제품의 반응을 확인하고 단기간 목적(예를 들어 세일즈나 신규 고객 유치, 앱 다운로드 횟수 등)을 달성하기 위해, 퍼포먼스 마케팅을 진행하는 것은 좋은 접근이다. 물론 이와 동시에 브랜드를 알리기 위한 활동들이 함께 이루어져야 한다.

그러나 한편으로 나는 이 두 가지를 구분해서 생각하지 않고 퍼포먼스 마케팅도 브랜딩의 관점으로 바라볼 수 없는지를 늘 고민한다. 내가 선택한 방식은 우선 브랜드만의 핵심 경험을 정의하고, 이에 대한 소비자 반응을 검증하는 것이었다. 현재 나는 '라운즈(ROUNZ)'라는 AI(인공지능)기술을 바탕으로 AR(증강현실)을 활용한 실시간 가상 피팅 안경 쇼핑몰의 브랜딩을 담당하고 있다. 그렇다면 라운즈가 고객에게 전달해야 할 핵심 경험은 무엇일까? 다시 말해 라운즈만의 차별화된 핵심 요소는 무엇일까?

라운즈 앱을 통해 고객들에게 제공해야 하는 경험이 바로 차별화된 핵심 요소, 즉 브랜드의 핵심 경험이라고 할 수 있을텐데, 그것은 곧 "스마트폰 카메라 기능을 활용하여 시간과 공간의 제약 없이 수천 가지 안경을 직접 착용해볼 수 있는 가상 피팅 기술"의 경험이다. 바로 이것이 라운즈의 브랜드 미션이 모두가 안경을 사고 쓰는 일이 즐거운 경험이 되도록 하는 것, 브랜드 슬로건이 '세상에 없던 안경 쇼핑'인 이유이다. 기존에 라운즈는 제품 판매를 중심으로 마케팅을 전개해왔는데, 아이웨어 쇼핑을 할 수 있는 곳이 이미 세상에 넘쳐나는 상황에서 차별성을 갖기 위해서는 브랜드의 핵심 경험을 강조할 필요가 있었다. 이에 브랜드의 핵심 경험을 중심으로 한 여러 가지 브랜딩 전략을 준비하면서 그중 일부를 퍼포먼스 마케팅에 접목시켜보았다. 다양한 개성과 얼굴형을 가진 모델들이 실제로 라운즈 앱을 사용해 안경을 가상 착용해보는 모습을 영상으로 담아 소재를 바꿔가며 퍼포먼스 광고를 집행해본 것이다. 목적은 명확했다. 사람들이 라운즈의 핵심 경험에 얼마나 관심을 가지고 반응하는지를 지표를 통해 알아보기 위해서였다.

광고는 기간은 약 2개월간, 타깃은 라운즈가 어필해야 할 대상인 20대~30대 초반을 중심으로 정했고, iOS만 한정하여 (당시 AR 가상 착용 경험은 아이폰에서만 제공되었다. 현재는 안드로이드에서도 경험할 수 있다.) 인스타그램 스토리와 피드를 중심으로 다양한 인물들의 가상 착용 경험 모습을 보여줬다. 궁극적으로 고객이 라운즈를 반드시 사용해야 하는 이유이자 핵심 경험을 전하고자 한 것이다. 2개월간의 광고 집행 이후, 실제로 iOS 앱 다운로드 수치가 급격하게 늘었다.

실시간 가상 착용이라는 핵심 경험을 전달한 결과, 앱을 설치한 유저들은 이것을 적극적으로 사용해보기 시작했다. 앱을 설치한 유저 한 명당 평균 60회 이상 아이웨어를 착용해본 것으로 결과가 나왔는데, 이는 광고 집행 이전보다 평균 6배 정도 늘어난 수치였다. 이와 함께 월 활동 유저들의 수도 크게 늘어나기 시작했다. 가장 흥미로웠던 결과는 집행한 광고 게

시물에 사람들이 댓글을 달기 시작했다는 점이다. 신기하다, 유용하다는 댓글과 함께 대부분 주변 친구들을 태그로 소환해 라운즈 앱을 소개했다. 이러한 결과는 라운즈가 현재 추구하고 있는 핵심 경험이 소비자에게 충분히 어필할 수 있음을 확인시켜주는 인사이트를 제공했다. 이후 앱 스토어상 리뷰 개수는 천 개를 넘겼고, 평점 역시 5점 만점에 4.8점에 달한다. 이렇듯 브랜드 핵심 경험을 정의하고 이것을 퍼포먼스 마케팅의 방식을 활용하여 검증해본 과정은 앞으로의 다양한 브랜딩 활동을 준비함에 앞서 많은 것을 시사해주었다. 브랜딩과 퍼포먼스 마케팅은 아예 다른 영역으로 간주되는 것이 보통이지만, 이처럼 퍼포먼스 마케팅도 브랜딩의 관점으로 바라보고 활용해본다면 여러 측면에서 인사이트를 얻을 수 있고 시너지도 낼 수 있을 것이다.

브랜딩
디렉터의 역할

나도 브랜드 마케터라는 타이틀을 달고 일할 때가 있었고 지금도 그 역할에서 크게 벗어나 있지는 않지만, 브랜드 마케터와 브랜딩 디렉터는 그 역할의 범위 면에서 분명 차이가 있다. 브랜딩 디렉터는 큰 그림을 보는 사람이다. 즉, 브랜드를 어떻게 알릴지 고민하기에 앞서 무엇을 알릴지를 먼저 고민해야 한다. 이는 지금까지 살펴봤던 것처럼 몸담고 있는 브랜드가 어떤 특징과 차별점을 갖고 있는지, 그리고 고객들에게 전달해야 하는 경험은 무엇인지를 정의하는 일이다. 브랜드 미션과 연결시켜서 말이다.

브랜딩을 마케팅의 영역으로만 봐서는 안 된다. 서비스의 영역, 디자인의 영역, 기술의 영역, 더 나아가 CS의 영역까지도 모두 브랜딩과 연결되어 있다. 그렇기에 서비스 기획 부서와도 긴밀히 협업하여 그 방향을 설정해야 한다. 고객에게 보이

는 부분인 디자인 영역, 심지어 브랜드에 관한 퍼포먼스 광고
들 또한 마찬가지다. 그것이 브랜드의 이미지를 훼손시키고
있지는 않은지, 그렇다면 어떤 방향으로 개선하면 좋을지 해
당 부서와 함께 고민해야 한다.

즉, 브랜드와의 모든 접점이 브랜딩의 영역이라 생각하고 그
것을 통해 브랜드를 차별화시키는 방향을 꾀하는 것이 브랜
딩 디렉터의 역할이다. 또한 브랜딩 디렉터는 본인 스스로가
브랜드의 전도사를 자처해야 한다. 앞서 강연 제안에 적극적
으로 응하는 이유에서도 언급했듯이, 우리 브랜드를 알릴 수
있는 기회가 있다면 이를 놓치지 말아야 한다. 결국 브랜드의
책임자이자 의사 결정권자가 되어야 하는 것이 브랜딩 디렉터
의 가장 큰 역할이다.

브랜드
마케터의
조건

그렇다면 브랜드 마케터는 어떤 모습이어야 할까. 직책상 수많은 브랜드 마케터들의 이력서를 검토하고 면접을 볼 기회가 많았는데, 그때의 경험을 토대로 내가 생각하는 브랜드 마케터의 조건들에 대해 정리해보았다.

직장이 중심이 아닌 직업이 중심인 사람

경험상 직장인은 직'장'이 중심인 분과 직'업'이 중심인 분, 두 부류로 나뉜다. 전자에게 중요한 것은 회사의 인지도나 안정성, 복지 등이고, 후자에게 중요한 것은 기회나 역할, 성장성 등이다. 그저 각자 추구하는 바가 다를 뿐이지 어떤 쪽이 좋고 나쁘다고 말할 수 없다. 하지만 브랜드 마케터라면 후자에 더 가까워야 한다고 생각한다. 인지도 높은 브랜드를 담당하는 브랜드 마케터라는 타이틀에 대한 욕심보다는, 비록 현재 인지도는 낮지만 어떻게든 자신이 맡은 브랜드를 성공시켜서 (물론 성공의 기준 또한 제각각이다.) 자신의 커리어 성장과 연결시키려고 하는 열정이나 욕심을 지닌 사람 말이다.

브랜딩과 브랜드에 관한 본인만의 명확한 관점

브랜드 마케터라면 본인이 생각하는 브랜딩이란 무엇인지, 그렇게 생각하게 된 경험이나 이유가 따로 있는지 본인의 생각을 명확히 이야기할 수 있어야 한다. 그것에 관한 답변만 확실해도 그 사람이 평소 얼마나 브랜딩에 관심이 있는지를 바로 알 수 있다.

또한 뛰어난 브랜드 마케터라면 자신이 좋아하는 브랜드가 분명해야 한다. 얼마나 그 브랜드에 빠져 있고 실제로 그것을 얼마나 사용하고 있는지도 그 사람의 역량을 예측하는 데 하나의 척도가 될 수 있다. 어떤 브랜드인지는 중요하지 않다. 그보다는 해당 브랜드를 좋아하는 이유와 어떤 계기로 좋아했으며 그래서 그 브랜드가 내 삶 속에서 어느 정도의 영향을 미치는지 이야기할 수 있는 것이 중요하다. 왜냐하면 특정 브랜드에 깊이 빠져본 적 있는 사람들이라면, 분명 사람들이 브랜드를 좋아하게 되는 포인트에 대해 공감력을 갖추고 있을 것이기 때문이다.

뻔하지 않은 포트폴리오

브랜딩을 하는 사람이라면 자신의 포트폴리오 역시 차별성 있게 준비하는 법이다. 그것의 내용은 물론이고, 전개 방식이나 디자인까지도 말이다. 진행했던 프로젝트의 과정과 결과에 관한 내용, 그리고 그것의 전개 방식 또한 평가 대상이 될 수 있다. 최근 검토한 포트폴리오 중 가장 기억에 남았던 사례는, PPT나 PDF가 아닌 '노션'을 이용해 별도 URL로 내용을 전달한 경우였다. 브랜딩에 대한 관심 정도와 그와 관련해 자신이 보유한 능력을 적은 다음, 그간 진행했던 프로젝트를 폴더별로 정리해서 제시했다. 각 폴더에는 프로젝트를 진행하게 된 배경과 맞닥뜨린 문제, 그리고 그 문제를 어떤 식으로 해결하려 했는지 본인만의 접근법을 영상과 함께 자세히 기술해두어 무척 인상적이었다.

자신만의 브랜드를 만들어보고 싶은 욕심

브랜드 마케터의 최종 목표는 무엇일까? 브랜딩에 열정이 있는 사람이라면 분명 언젠가 자신만의 브랜드를 만들고 싶은 목표가 있을 것이다. 나 역시도 마찬가지다. 그만큼 이 일을 좋아하고 브랜딩의 힘을 직·간접적으로 경험했으며, 그것을 기반으로 나만의 차별화된 브랜드를 꿈꾸고 있는 사람이라면, 지금 자신이 몸담고 있는 브랜드도 그렇게 만들려는 의지가 강한 사람일 확률이 높다.

다양한 트렌드와 문화에 대한 관심

뛰어난 브랜드 마케터라면 현재 일어나고 있는 다양한 트렌드와 요즘 유행하는 문화에도 관심이 많아야 한다고 생각한다. 또한 뚜렷한 취미활동도 있으면 좋다. 이런 것들에서 다양한 아이디어를 얻을 수도 있고, 그것이 업무와 연결되기도 한다. 그래서 일에만 몰입하는 사람보다는 퇴근 후 혹은 주말에 다양한 문화 활동을 즐기는 사람이 함께 일했을 때 다양한 면에서 더 큰 시너지가 발생함을 종종 경험했다.

퍼스널 브랜딩에 대한 단상

요즘 퍼스널 브랜딩에 대한 관심도가 높다. 퍼스널 브랜딩에 관한 책이나 유튜브 콘텐츠도 여럿이다. 퍼스널 브랜딩에 대한 나의 생각은 명확하다. 자신의 성과가 곧 자신만의 브랜드를 만든다. 그래서 퍼스널 브랜딩의 방법에 대해 따로 공부하기보다는, 지금 본인이 맡은 일에서 좋은 성과를 만들어내기 위해 노력하는 것이 더 중요하다. 성과가 좋고 그것이 반복되면 자연스럽게 자신의 이름은 누군가를 통해 알려지게 되어 있으니까 말이다. 그리고 절대 쑥스러워 하지 말고 자신의 업무 성과를 적극적으로 남에게 알리자. 소셜미디어 계정을 통해서도 좋고, 블로그나 브런치 등을 통해서도 좋다.

그러한 업무 성과들과 관련해 자신만의 이유와 방법, 그리고 명확한 생각이 담겨 있고, 또 누군가에게 귀감이 될 수 있다면 그것으로 충분하다. 그러니 퍼스널 브랜딩을 위한 노하우 같은 것에 너무 신경 쓰지 말았으면 한다. 누군가가 보기엔 나 또한 퍼스널 브랜딩을 잘한다고 생각할 수 있겠지만, 난 그저 내가 해온 일에 의미를 부여하고 좋은 성과를 내려고

노력했을 뿐이다. 그리고 내가 한 일들과 내가 속한 브랜드를
개인 소셜 미디어를 통해 잘 알렸을 뿐이다.

오래도록
사랑받는
브랜드가 되려면

한 세미나에서 누군가 나에게 질문을 했다. 오래도록 사랑받는 브랜드가 되려면 어떤 부분을 중요시해야 하느냐고 말이다. 이 질문에서 브랜드를 '사람'으로 바꿔본다면, 주변의 좋아하는 누군가를 떠올리며 어렵지 않게 생각해볼 수 있을 것이다.

그만의 매력

누군가에게 사랑받는 브랜드라면 분명 그 브랜드만의 매력을 갖고 있을 것이다. 그것이 남들보다 월등히 뛰어난 전문성이든, 남들과는 다른 모습의 개성이든, 위트나 센스든 말이다. 그렇기에 브랜딩을 할 때는 브랜드의 매력을 어떻게 남들에게 잘 보여줄 수 있을지, 그리고 그 매력을 어떻게 더 뾰족하

196

게 다듬을 수 있을지 고민해야 한다.

한결 같은 모습

한번 누군가에게 자기 매력을 어필하는 것도 중요하지만, 늘 그 모습을 유지하는 일 또한 무척 중요하다. 사람들이 기대하는 모습을 꾸준히 보여주는 것이다. 그래야 처음 받았던 브랜드에 관한 인상이 오래가고, 그것을 사람들에게 각인시킬 수 있다. 이렇듯 지속성과 진정성은 개성만큼이나 중요하다. 첫인상이 좀 별로였다고 해도 이후 한결 같은 모습을 보였다면, 그 이미지로 더욱 단단한 인상을 남길 수도 있다.

마지막 인상

그 사람 혹은 그 브랜드가 나의 기억에서 어떤 마지막 인상을 남겼는지도 중요한 요인이다. 앞서 피크엔드 법칙에서도 이야기한 적 있듯이, 가장 최근의 기억이 첫인상만큼이나 사람들의 인지에 미치는 영향이 크기 때문이다. 그렇기에 고객들의 기억에 좋은 인상을 심어주기 위해서는 그 지점에서 어떤 모습을 보여줄 수 있을지 항상 고민해야 한다. 처음만큼 마지막이 중요함을 잊지 말자.

저는 브랜딩이란 맨바닥에 차곡차곡 벽돌을 쌓아 집을 지어 올리는 과정과 비슷하다고 봅니다. 집을 짓기 전에 먼저 어떤 형태의 집을 지을 것인지 고민하고, 기초공사를 튼튼히 한 다음, 한번에 뚝딱 완성하는 것이 아니라 집이 그 모습을 갖출 때까지 오랜 시간 한 단계 한 단계 쌓아나가야 합니다. 그것을 쌓아 올리는 과정에서 수많은 시행착오를 겪으며, 때로는 쌓은 것을 무너뜨리고 다시 쌓기를 반복하기도 하고요.

하지만 어떤 집을 만들겠다는 명확한 목표와 그것을 향한 열정이 있다면, 그리고 여러 차례 실패에도 불구하고 묵묵히 앞으로 나아간다면, 결국 원하는 좋은 집을 지을 수 있을 것입니다. 많은 사람들이 한번 즈음은 방문하고 싶어 하고, 방문하고 나면 쉽게 잊지 못하는 그런 집 말이에요. 그리고 집을 완성했다고 다 끝난 것이 아닙니다. 앞으로도 계속 멋진 집으로 남을 수 있도록 유지 보수하고, 가꾸는 작업도 꾸준히 해야 합니다.

그만큼 브랜딩은 설계와 기초가 중요하고 그 과정은 길며 그 길이 순탄치 않습니다. 하지만 잘 만들어진 브랜드는 많은 팬들을 만들어내며 오래도록 사람들의 기억에 남고, 이후에 무엇을 해도 사람들에게 쉽게 주목받습니다. 물론 브랜드의 이미지를 꾸준히 유지하기 위해서는 브랜드다운 모습을 계속 보여줘야 할 거고요.

사실 고백하자면 저는 아직도 브랜딩이 어렵습니다. 명확한 목표를 가지고 있다고 해도 사람의 마음을 얻는다는 게 어디 쉬운 일인가요? 한치 앞도 예측할 수가 없습니다. 한편 저는 브랜딩을 하는 것이 여전히 즐겁습니다. 브랜딩을 위해 고민하고 만들어내는 그 많은 것들이 어떤 결과를 일으킬지 예상할 수 없기 때문이죠. 다양한 브랜딩 활동을 통해 사람들이 우리 브랜드를 좋아하게 되는 모습을 직접 눈으로 보고, 또 팬이 된 그들의 모습을 마주하다 보면 어디에서도 느낄 수 없는 짜릿함을 경험하게 됩니다. 그것은 중독성이 매우 강해서 일단 맛보면 더욱 매진할 수밖에 없어요.

이 책을 읽은 여러분들도 자신이 몸담고 있는 브랜드에서 저와 같은 경험을 해보면 좋겠습니다. 글에 담긴 저의 생각과 경험들이 여러분의 여정에 보탬이 될 수 있다면 더없이 보람되고 행복할 것 같습니다. 그럼 건투를 빕니다.

그래서
브랜딩이
필요합니다

초판 1쇄 발행 | 2021년 10월 27일
초판 17쇄 발행 | 2024년 1월 29일

지은이 | 전우성

발행인 | 고석현

주소 | 경기도 파주시 심학산로 12, 4층
전화 | 031-839-6800
팩스 | 031-839-6828

발행처 | (주)한올엠앤씨
등록 | 2011년 5월 14일
이메일 | booksonwed@gmail.com

* 책읽는수요일, 라이프맵, 비즈니스맵, 생각연구소, 지식갤러리, 스타일북스는
  (주)한올엠앤씨의 브랜드입니다.